水墨春秋话

水具

文房水具的研考与收藏

武新生 —— 著

山西出版传媒集团
山西人民出版社

图书在版编目（CIP）数据

水墨春秋话水具：文房水具的研考与收藏/武新生
著. -- 太原：山西人民出版社，2024. 12. -- ISBN 978
-7-203-13607-1

Ⅰ. G262.8

中国国家版本馆CIP数据核字第2024D2B647号

水墨春秋话水具：文房水具的研考与收藏

著　　者：武新生
责任编辑：靳建国
复　　审：吕绘元
终　　审：李　颖
策　　划：张慧兵

出　版　者：山西出版传媒集团·山西人民出版社
地　　址：太原市建设南路21号
邮　　编：030012
发行营销：0351-4922220　4955996　4956039　4922127（传真）
天猫官网：http://sxrmcbs.tmall.com　电话：0351-4922159
E-mail：sxskcb@163.com　发行部
　　　　　sxskcb@126.com　总编室
网　　址：www.sxskcb.com

经销者：山西出版传媒集团·山西人民出版社
承印厂：炫彩（天津）印刷有限责任公司

开　　本：787mm×1092mm　1/16
印　　张：11
字　　数：140千字
版　　次：2024年12月　第1版
印　　次：2024年12月　第1次印刷
书　　号：ISBN 978-7-203-13607-1
定　　价：98.00元

彩版一：战汉水具

绳纹耳原始青瓷小盂（东周）
（8.7 厘米 ×3.8 厘米）

螭龙纹双兽耳青铜舟形盂（战国早期）
（12.1 厘米 ×14.2 厘米 ×6.5 厘米）

汉绿釉龟形水滴（西汉）
（13.7 厘米 ×7 厘米 ×6 厘米）

麻布纹双耳舞人硬陶圜底小盂（汉）
（5.8 厘米 ×4.3 厘米）

网纹兽首衔环青瓷洗（汉魏）
（18 厘米 ×5.6 厘米）

彩版二：六朝水具

竖线 S 纹双管耳青瓷水盂（晋）
（9.3 厘米 ×4.9 厘米）

黄釉虎子形水注（南北朝）
（9.9 厘米 ×4 厘米 ×7.4 厘米）

鱼刺弦纹蟾首点彩青
瓷水滴（晋）
（9.5 厘米 ×6.9 厘米）

黑釉鸡首流玄武水注（残、南北朝）
（10.5 厘米 ×7.8 厘米 ×10.8 厘米）

八面兽首青瓷洗（南北朝）
（18.7 厘米 ×5.2 厘米）

彩版三：隋唐五代水具

越窑立鸟飞凤纹壶形水注（晚唐、五代）
（11.5 厘米 ×8.2 厘米 ×7.2 厘米）

白釉兽足瓜棱纹水盂（唐）
（7.5 厘米 ×5.1 厘米）

唐三彩蓝釉鱼首流龙柄水注（唐）
（12.2 厘米 ×8.5 厘米 ×12.1 厘米）

长沙窑狮形水注（唐）
（6.9 厘米 ×4.4 厘米 ×6.2 厘米）

黄釉青瓷铠锣洗（唐）
（11.3 厘米 ×3.9 厘米）

彩版四：宋元水具

白釉持荷胡童爱鹅水滴（辽金）
（10.9厘米 ×6.9厘米 ×13.2厘米）

白釉刻花荷叶盖罐水盂（宋）
（9.8厘米 ×9.3厘米）

汝窑天青釉白鹅戏莲形水滴（宋）
（13.9厘米 ×6.8厘米 ×9.8厘米）

龙泉窑青瓷龟形水注（宋）
（14.2厘米 ×9.5厘米 ×7.5厘米）

葵口菊瓣纹官窑洗（口沿残、南宋）
（11.8厘米 ×4.1厘米）

彩版五：明清民国水具

绿釉开光鱼藻诗文方形水盂（清）
（5.6 厘米 ×5.1 厘米 ×3.7 厘米）

凤首龙柄雕花铜水滴（清）
（8.5 厘米 ×5.5 厘米 ×6.9 厘米）

粉彩童子戏牛对滴（晚清民国）
（14.7 厘米 ×5.5 厘米 ×7.4 厘米）

粉彩童子献宝水滴（清）
（11.0 厘米 ×6.2 厘米 ×15.5 厘米）

龙泉窑葵口单箍圆洗（明）
（12.9 厘米 ×5.5 厘米）

序　言

　　"工欲善其事，必先利其器"是《论语·卫灵公》中的一句千古名言。尤其是宋初名臣、雍熙翰林苏易简又以其《文房四谱》的精论与详实的史料，对笔墨纸砚的源流、制造、杂说、辞赋分门别类逐一做了阐述，自此，后世就把文房用具以"文房四宝"相称。书法与绘画本来是水墨的艺术，水也自然是文房之尊，如果没有水的加持，笔墨怎么得以成书？但不知为何，历史会把行墨之水排斥于"四宝"之外，真可谓是千古之谬。当然，水会随着日照月蚀、风吹气侵而流逝，但盂圆水方衣钵在，水化云霞留精彩。

　　文房水具的主体有四器，即盂、滴、洗、勺，是文房诸器中唯一与笔墨纸砚同门、同源、同路、同行，经过千万年的易变轮回走过来的文用之器。既是研墨注露的盛水佳器，又是文房翰墨的宰辅国丞，千百年来受到上至王侯重卿、富贾儒圣，下至文人雅士、寒门举子的宠爱，因此宋人林洪送水具雅号"水中丞"。水具的演变与发展经过了一个漫长的过程，由人类的日常生活器具易化而来。上古祖先的原始汲水器具，其实无外乎螺蚌、角、瓠，甚至是捧手一掬，扰指一舀。进入新石器时代之后，陶器取代了原始人类生活的残渣剩物、螺角瓜瓠，成为人们的生活用具。当社会进入夏、商、周的青铜文明时期，青铜彝器以其精美与大气迅速站上了历史的舞台，成为豪门贵族生活器具的首选、国家礼制的象征。当历史发展到春秋战国之后，由于周室衰微，礼崩乐坏，从此门学兴起，百家争鸣。书文兴而书具盛，文具的发展随之而来，水具也在其间。水具从春秋面世，经战国的发展，到秦汉一统，近千年的演化与不断完善，直到东汉之际，盂、滴、洗、勺终于得以完臻。可以说，水具随着中华文化的发展及文房器具的勃发与兴盛而亦步亦趋，终于成型定制，成为文房"中丞"。至此，上古人类的生活器，经过了千年的修炼，最终修成正果，走入文房，成就了辉煌千年的翰墨器具、儒界一乐。

同时，历史上水具收藏也十分的久远而丰富。从春秋始见，一直绵延了两千多年，朝朝有惊艳，代代有藏鉴，爱煞多少高官士卿、诗仙书圣。尤其是从唐宋之后，随着文化的高涨、收藏的热起，有关对文房水具的观览与研读、籍注和图录也不断涌现出来。历史上曾有不少的有心之人，为其作传立谱，发展至今，有关水具的史籍图著也颇为丰富，为文房学的丰富及发展作出了重要贡献，成为文房学研究的重要一支，从而也促进了文房水具收藏的进步与发展。总结历史，展望未来，随着文房收藏热的再度兴起，相关研究与探索的不断深入，必将为文房水具的收藏与研究带来一个更大的发展机遇和广阔前景。

目　录

一

水具寻源与演进

壹

文房水具就其结构造型和功用特点来说，主要是四种器物，即水盂（也叫水丞、水中丞，还有称颜水钵的）、水滴（也叫砚滴、书滴，或称水注）、洗（也叫水洗、笔洗、洗子）、勺（也叫水勺或文勺）。以上四器，均起源于上古先民的生活器具及之后的青铜器。

文房水具的用材用料及工艺造型多种多样、五花八门，可谓技纳百工、艺行南北，但主体是陶瓷器，绝大部分的水具是以陶泥塑型烧制而成。所以其源流也都十分久远。

水具四器系列，最早起源于人类祖先日常生活的盛饮器皿，并在其后世的历代文房水具中，一直遗存了他们的原始风貌及基本的功能特点，至今仍能看到其前世的影子。这些器物经过了千万年的不断完善、更新、演变、发展，其间的一脉子孙最终成就了后世文人士大夫案头上的文房水具。纵观水具的演进过程，大约经历了三个基本的发展阶段。

图1-1　角杯

图1-2　螺

图1-3　葫芦

（一）天生地造，原始初制阶段

在茹毛饮血的蛮荒时代，古人的盛饮之器，其实就是原始人类身边司空见惯的动植物残骸，如江湖海湾中的螺蚌、虾蟹的甲壳，动物的兽角，野果的皮壳等残渣剩食。还有如野生的葫芦、植物的叶子等，都有可能成为古人随手拿来，稍事加工后便可成为取水盛食的生活器具。甚至是双手一掬、拢指一舀。这就是后世生活器具的源头，也有可能是王侯贵族用以祭祀天地、礼乐宴饮的青铜彝器之初始。（图1-1~图1-3）

（二）制陶冶金，精工造器阶段

这一阶段，大体可分为前后两个时期：前期是以轮制陶器为代表，陶器一统天下的时期；后期为精陶与青铜两种器物共存共荣的青铜文明时期。当人类社会进入新石器时代之后，社会文明及生产力水平都迈进了一个崭新的发展时期，制陶工艺的进步与轮制技术的出现，为人类社会生活器具的更新进化、精致适用，开辟了一个广阔的发展空间，使人们的生活器具展现得多种多样、得心应手，极大地改善了人类的生活条件。如磁山文化、裴李岗文化，尤其是仰韶文化、马家窑文化、大汶口文化、龙山文化，以及南方的大溪文化、屈家岭文化、河姆渡文化、良渚文化等一系列文明的横空出世，不仅为上古族群的生活提供了便利，提高了原始人类的生存能力，推进了古代文明的进步，也为生活器具的演进与发展，以及青铜文明的出现提供了条件，开辟了道路，为后世文房的引入与改制、转型与自立，以至后续的创新与发展奠定了基础，使文房水具的立世成为可能。

1.陶精铜雄孕水盂

与水盂相关的早期陶器盂、钵、碗、杯，如河北武安磁山出土的陶盂（图1-4），河南新郑裴李岗出土的陶钵，浙江余姚河姆渡出土的陶杯，山西芮城西王出土的陶碗（图1-5），甘肃永昌马家窑出土的彩陶杯（图1-6），山东兖州出土的彩陶钵（图1-7），郑州大河出土的陶碗（图1-8）。[1]

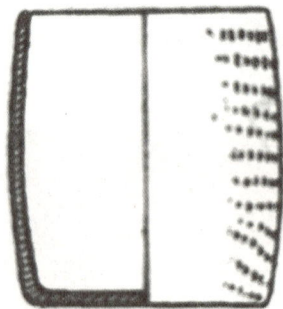

图1-4　武安磁山陶盂
（新石器早期）

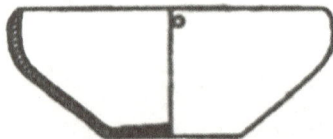

图1-5　山西芮城出土陶碗
（仰韶文化）

---

[1] 本书中所用线图引自冯先铭《中国陶瓷》（修订本）、马承源《中国青铜器》、《辞源》三书。

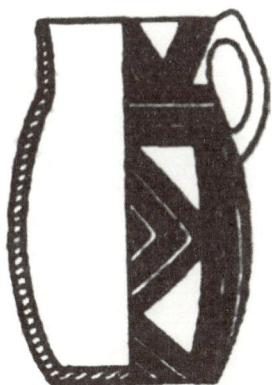

图 1-6　甘肃永昌出土彩陶杯
（马家窑文化）

图 1-7　山东兖州出土彩陶钵
（大汶口文化）

图 1-8　郑州出土大河碗
（龙山文化）

图 1-9　青铜盂
（商晚期）

图 1-10　青铜盂
（西周晚期）

　　进入青铜时代之后，由于生产力的发展和王侯贵族的需求，青铜器具迅速兴起，尤其是饪食器、酒器、盥洗器等，更显得奢华亮丽、高贵典雅、精工大气（**图1-9、图1-10、图1-11**）。与"盂"有关的盛饮器如盂、盆、卣、杯，进入春秋之后其中一类器形渐小，尤以陶瓷盂最为明显多见，硕大的器物演化成如钵似碗的餐饮器具（**图1-12**）。杯具也从商周时期的执杯立器逐渐易变成为春秋战国早期时椭圆形，鼓腹、平底、扁平似钵的"舟"器（**图1-13、图1-14、图1-15**），以至到战国晚期及秦汉时期的耳杯（**图1-16**）。从而为这些小巧华丽、精致典雅的器物引入文房，成为文人士大夫几案上和墨注水的盛水器成为可能。其实古人把敛口（或侈口）、鼓腹（或折肩）、平底（或圈足）等小型的盛放羹、汤、酒、水的器皿，大多都习惯称为盂，就如《史记·淳于髡传》中所说："操一豚蹄，酒一盂。"

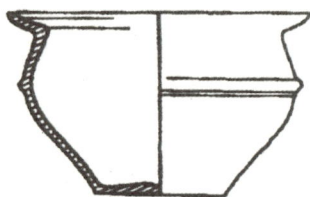

图 1-11 长安张家坡陶盂
（西周）

图 1-12 原始青瓷盂
（春秋）

图 1-13 青铜杯
（商中期）

图 1-14 青铜杯
（西周中期）

图 1-15 青铜舟
（战国早期）

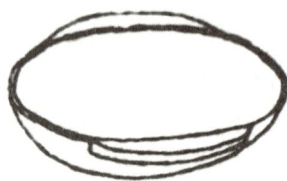

图 1-16 青铜耳杯
（战国晚期）

2. 盉鬶千年秀，化尊入文房

与水滴相关的早期汲水器具陶盉、陶鬶、陶觚、陶壶。如宝鸡北首岭出土的陶三足器（图1-17），河南郑州大河村出土的陶盉（图1-18），山东泰安大汶口出土的陶鬶、陶盉（图1-19、图1-20），河南汤阴白营出土的陶鬶和河南禹州市瓦店出土的陶鬶、陶盉（图1-21、图1-22），河南偃师二里头（早期）出土的陶盉（图1-23）及晚期的陶盉（图1-24）、陶觚（1-图25），特别是在20世纪70年代陕西临潼的姜寨考古发掘中出土的一组书画工具，其中除了一块随形带盖、砚堂下凹呈圆形的研磨器和一根研磨杵及数粒矿物颜料之外，同时还出土了一件陶杯。该器物

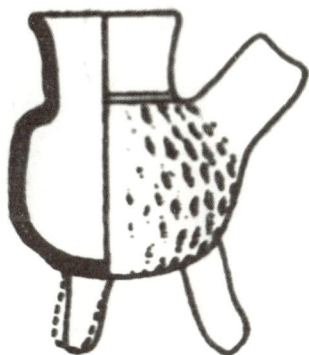

图 1-17　北首岭三足陶器
（新石器早期）

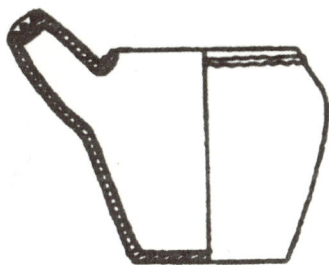

图 1-18　郑州大河村陶盉
（仰韶文化）

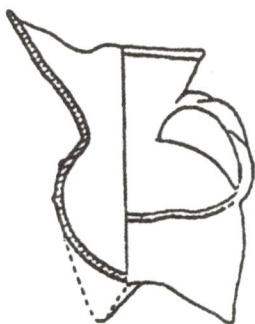

图1-19　山东大汶口陶鬶
（大汶口文化）

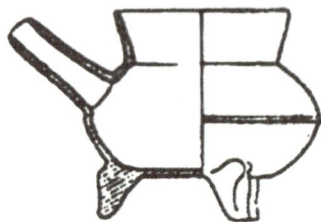

图1-20　山东大汶口陶盉
（大汶口文化）

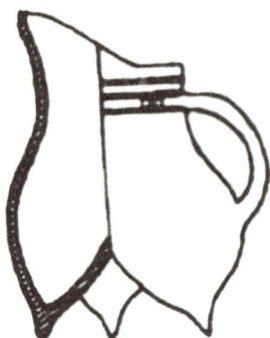

图1-21　河南汤阴陶鬶
（龙山文化）

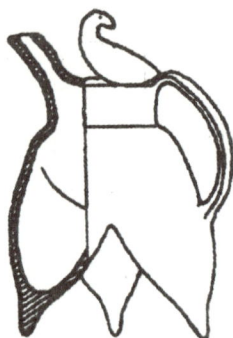

图1-22　河南禹州陶盉
（龙山文化）

图1-23　河南偃师陶盉
（二里头早期）

图1-24　河南偃师陶盉
（二里头晚期）

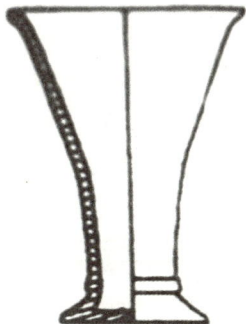

图 1-25　河南偃师陶觚
（二里头晚期）

圆形喇叭口，收腰尖足，形同一支封底的漏斗，如角似螺，与后世的觚、卮相似。与二里头晚期（商早期）的陶觚相比较，也只不过是在"姜寨陶杯"的尖足部增加了一个底座，以方便放置。普遍认为这支姜寨出土的陶杯就是墓主人当初注水和墨时的汲水工具。是否就是给砚注水的盛水之器，当然还有待进一步的考证，但与研磨器具、颜料等（用来书写的笔具，因其为草木材质，有可能因年久而腐朽）同穴，同为墓主人的一组心爱之物，已经构成了一套较为完整的研墨器物链，故这件陶杯很可能就是五六千年前姜寨古人为砚汲水和墨的文房水具。这件"姜寨陶杯"是我们目前已知的文房孤例，也是文房汲水器具发展进程中继往开来、承前启后的一件精致器物。其敞口尖足的整体造型，既反映了螺蚌的遗制，似乎也有仿兽角圆口尖足，上大下小的原始造型，其传承关系显而易见。可谓是效仿螺、角之遗制，传承觚角而汲水。（图1-26）[1]

① 朱启新：《看得见的古人生活》，中华书局，2011，第280页。

图 1-26 姜寨陶杯（半坡文化）

　　进入青铜时代，由于生产力的发展，贵族生活的奢靡、宴饮文化的兴盛，尽管入周后鉴商禁酒，但仍祭享入礼，宴饮成规，盛饮酒器有增无减，种类繁多，大有升级换代之势，尤以觚、觥、盉、杯一族最为精致。除觚、觥、盉、杯等酒器仍沿袭了古陶器的整体器型外，又演变出来诸多新奇彝器。其中有两种器物与文房水滴（注）结构相似，原理无异：其一，是一种仿鸟兽动物造型的酒器——牺尊。其中最有特点的是一件吻前平流，背部有穴，穴上有盖，盖顶立一虎，腹饰变形兽纹，西周中期的青铜牛尊，前流背穴，栩栩如生，活脱脱一只放大版的"水滴器"。其工艺结构和工作原理与砚滴如出一辙（图1-27）。其二，是"觥"，也称"觵"。觥在上古时用兽角制，后也有用木制或铜制的，青铜觥出现于殷商晚期。《说文解字·角部》对它的解读是："觵，兕牛角可以饮者也。"就是说，觥是可以用来喝酒的兕牛角。《诗经·国风·周南·卷耳》就说："我姑酌彼兕觥，维以不永伤。"《传》：

图1-27 青铜牛尊（西周中期）

图1-28 觥

图1-29 青铜觥（商晚期）

"觥，角爵也。"《释文》："《韩诗》云容五升，《礼图》云容七升。"可见在商周或是更早的时代，"觥"（图1-28）就是用兽角制成的，如爵似角，世代酒器，就如同当今一些少数民族仍在使用的一种牛角杯。但不知何故，在殷商晚期由斝或匜等持鋬舀注的青铜器也以觥相称。可能是因为持拿方式相似、盛酒功用相同等，而在后世的传续中产生的讹误。还是以牛角制的称"觵"，以青铜制成则称"觥"呢？就如因为觥的器形与匜相似，而也有被人称之为匜的，故有王国维才在《观堂集林·说觥》一文中对一件牛首形觥作的诠释："牛头形为觥，其无盖者为匜。"就形同一件商晚期的龙首盖圈足觥。体截面为长椭圆形，前有宽流，下承圈足，盖前端为龙首形，顶上有虺龙一条，拱起成环梁（图1-29）。总之，青铜觥无论是造型结构，功能用途与陶斝并无二样，只是在器物口上加装了一个顶盖而已。

3.礼乐归来话盘盆

与洗具相关的早期生活器盘、盆等，如河北武安磁山出土的陶盘（**图1-30**），山西芮城西王村出土的陶盆（**图1-31**），甘肃秦安大地湾出土的彩陶盆（**图1-32**），山西襄汾陶寺出土的陶盆（**图1-33**），河南偃师二里头（早期）出土的陶盆（**图1-34**）。

进入青铜时代之后，陶盘瓦盆仍然流行，尽管原始青瓷及硬陶技术已经出现，但青铜器还是以其高端大气、工艺精湛和材料金贵而逐渐称雄于世。尤以进入商周之后，青铜盥洗器因受到王侯士卿的喜爱而迅速盛行于天下，所以在贵族墓葬中较为常见。其工艺也从之前的素颜彩绘，变成了铸刻装饰，使其更加尊贵华美、精致典雅。从此这些盥洗佳器不仅是宫室豪门里的标配，也成了文卿士大夫行书作文、讲经布道、礼拜问学时的盥洗之器。青铜盘大约出现于商代早期，中晚期之后逐渐流行。商代盘大多敞口宽缘，圈足无耳，纹饰变化仅在口缘及圈足上（**图1-35**）。西周时，盘的形制发生了较大变化。盘腹变浅，增设了双耳，有的还有宽流和鋬手，有的则在圈足下另加附足，以此来增加盘的高度（**图1-36**）。进入春秋之后，

图 1-30　河北武安磁山陶盘
（新石器早期）

图 1-31　山西芮城陶盆
（仰韶文化）

图 1-32　秦安大地湾彩陶盆
（马家窑文化）

图 1-33　山西陶寺陶盆
（龙山文化）

图 1-34　河南偃师陶盆
（二里头文化）

图 1-35　青铜盘
（商中期）

图 1-36　青铜盘（西周早期）

其早期的盘与西周晚期的盘相似，从春秋中期开始，再次发生较为明显的变化。繁缛的纹饰减少，实用功能增强，大多窄缘浅腹，素颜简饰，錾耳变成了环耳，有的甚至无耳，更接近后世的盆和洗。同时，圈足少见，多为三足或兽足（图1-37）。至战国，盘器越显简洁，有的甚至既无耳又无足，折沿平足或圈足，与战国中、晚期的洗已没有什么差别（图1-38）。洗出现于战国，流行于汉代。一般作圆形，敞口直腹，或敛腹平底，有的器壁两侧施以铺首衔环，内底常用双鱼作装饰，并铸刻有吉祥纪年铭。如江苏无锡前洲出土的郳陵君洗，为战国晚期的器物（图1-39）。又如上海博物馆馆藏的一件鱼纹洗，便是一件西汉早期的器物（图1-40）。

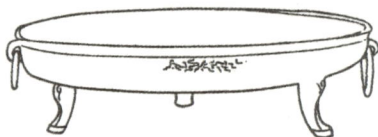

图1-37　青铜盘（春秋晚期）

4. 瓢勺寻踪话勺源

与勺具相关的史前早期生活遗存至今无考，但也不会晚于夏商周发达的青铜时代。《汉书·礼乐志》说："周公作勺。"其实据古籍记载，古人用勺的时间，比起周公那个年代至少要早上千年，《礼记·明堂位》中就说："灌尊……夏后氏以龙勺，殷以疏勺，周以蒲勺。"如今考古发现的早期勺具多为商周器物，是贵族礼乐宴饮

图 1-38　青铜盘（战国晚期）

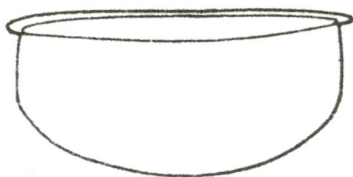

图 1-39　郫陵君洗
（战国晚期）

图 1-40　双鱼洗
（西汉早期）

时的挹酒器，正如《仪礼·乡射礼》之称："两壶，斯禁，左玄酒，皆加勺。"勺也称"枓"，故许慎在《说文解字》讲："勺，枓也，所以挹取也。"商周的勺多为青铜材质，其基本造型为前杯后柄，并无多大差别，实际上是一器两名。两器的勺首均有小杯，杯后有柄，只是在勺柄上略有不同。古人把直柄者，称为勺。曲柄者，叫作枓，都是舀取酒浆之器。如上海博物馆馆藏的一件西周早期的两头龙纹枓，该器勺首为一鼓腹小杯，敞口平底，曲柄宽尾，宽大的后尾镂铸以龙鸟之形，做工精湛，装饰华美（图1-41）。又如陕西清涧解家沟出土的一件晚商羊头柄勺，勺首小杯，圆口圆底，形似半球，手柄平直，后端微斜，柄上铸有走兽，尾部为大

图 1-41　枓（西周早期）

弯角羊头装饰，工艺繁缛，制作复杂（图1-42）。此外，还有一种器形较大的勺具，称"羹魁"，也有叫羹斗的，俗称瓢，因大而为之魁，无非是大勺而已。勺首鼓腹平底，而后龙纹长柄，柄尾兽首装饰，形如今天的长柄水瓢。羹魁一器多用，亦羹，亦酒，也亦水。《诗·大雅·行苇》中说："酌以大斗，以祈黄耉。"周人在大宴宾客之时，行酬酢揖射之礼，必以"酒醴维醹，酌以大斗"，方能狂饮尽兴，酣畅淋漓，故史称"羹魁"为酒器。既然器名"羹魁"，就必定同时也是盛舀羹汤，烹饪美食之器，故才有晋郭璞《易洞林》中之说："太子洗马荀子骥家中以龙铜魁作食欻鸣。"（图1-43）此外，古代也用它来舀取浆水，如同盘匜。在沐浴时与盆搭配使用，正如《礼记·丧大记》中所说："浴水用盆，沃水用枓。"此时之枓就说的是羹魁。

至春秋战国、秦汉之际，因盛行漆器，又有木胎髹漆勺的出现。战国、秦汉时的漆勺，杯呈敞口直腹，圆形平底，器体扁平，柄显修长，髹漆彩绘，器型秀美，使用起来更加轻巧优雅。常常出现于王侯贵族的宴乐豪饮场合，舀酒注杯之时，使饮乐之事，

越发优雅斯文。正像《汉书·礼乐志·郊祀歌·赤蛟》中所描绘的"勺椒浆，灵已醉"。（图1-44）[1]

然而，无论是枓勺的器形大小，精粗繁简，金雕玉饰之器，毕竟不是黎庶人家的日常生活用具。东晋时的陶潜在说到当时的生活情景时就曾叹道："冬无缊褐，夏渴瓢箪（《陶渊明集·祭从弟敬远文》）。"2500年前的孔子在评说到其弟子颜回的一日生计时也讲："一箪食，一瓢饮，在陋巷，人不堪其忧。"（《论语·雍也》）就连三国曹魏时的皇族曹植在《曹子建集·大司马曹休诔》中依旧是"好彼蓬枢，甘彼瓢箪"。宋代王安石的《雨中》之言似乎更为精辟："牢落柴荆晚，生涯付一瓢。"此外，还有以瓢嗜酒的，《南齐书·卞彬传》记载："彬性饮酒，以瓠壶瓢勺杬皮为肴。"瓢勺，也作瓢杓。《南史·陈庆之传》书中也曾讲："何水槽（逊），眼不识杯铛，吾口不离瓢杓，汝宁与何同日而醒。与吾而醒，吾同日而醉乎？"可见瓢勺之器的使用，在古代先民的生活中更为广泛，可谓比比皆是。瓢，就是用葫芦剖制的一种舀水或者盛酒

图1-42　勺（商晚期）

图1-43　虁魁（新仿）

图1-44　漆勺（汉）

---

[1]《辞源》，商务印书馆，1988，第208页。

的勺具。正如庄子《五石之瓠》中所说："瓠，剖之以为瓢。"清朱骏声在《说文通训定声》中的诠释则更为明了："一瓠劙为二曰瓢"（图1-45）。瓢勺除匏瓠剖造之外，还有以斫木掏制的，但大小有别，大者勺首如钵，圆底短柄称木瓢；小者勺首小碗，圆底长柄称勺，其形则更接近于金铜勺枓，勺首圆口（或椭圆）圆底，勺柄稍长，一般光素无纹，做工比较粗糙实用，形制也不太统一（图1-46）。斫木之勺历史久远，商周时已有了作勺礼制。如《周礼·考工记》所讲："梓人为饮器，勺一升。"总之，无论是金铜勺（枓）、枓（斗），还是漆木玉瓒，凡是金铜玉鬃，精工重饰者都属宴饮酒具，礼乐之器。但更多的是瓠木瓢勺，柴门厨具，寒士酒卮。就如南唐徐锴在《说文解字系传》中说的："枓，勺也，从木斗声。臣锴按，字书枓，斗有柄，所以斟水。"看来在庶民百姓眼里就是一件灶台上用来斟水盛粥之物。当然，在秦汉之后还有一种仅供人们秉持手拿，圆口深腹、圆底短柄、盛汤斟羹的小型勺具俗称"汤勺"，也有叫"调羹"的，后世长短柄两制而行，久兴至今。（图1-47）

汉字初为象形字，取像而写意。无论

图 1-45　瓢（现代）

图 1-46　木瓢（近代）

是"勺"，还是"斗"，从字源字义上讲，勺具的使用远比我们已知道的要早。

其一，就人们把北斗七星叫作"勺星""斗宿"而言，便可知晓深邃的苍穹、闪烁的群星，那些星移斗转的莫测变化，早在千万年前甚至更早时，就已经无数次地吸引了原始先人、酋王巫卜的眼睛。因此，远古人类对天空星象的关注与认知都十分的久远。正如顾炎武先生说的"三代以上人人皆知天文。'七月流火'，农夫之辞也，'三星在天'，妇人之语也，'月离于毕'，戍卒之作也，'龙尾伏辰'，儿童之谣也……"北魏张渊的《观象赋》，唐开元时王希明的《步天歌》，隋李播的《周天大象赋》，及敦煌文献中保存下来的两份更早年分的《步天歌》等，都足以为证。特别是在20世纪80年代，河南濮阳西水坡遗址的考古发掘中，45号墓穴中古天象形态葬俗的发现。这是一座仰韶文化后岗类型（前4000年）时期的遗存，该墓中几乎所有的遗骨埋俗，葬制布设，全都遵循古代天文观的规制，无一不可用古天文学术来解读。据濮阳西水坡45号墓平面图所示（《文物》1988年第3期），墓主人头南足北居中，主人骨架的左右两侧是用蚌壳摆塑的龙虎图形，可谓左青龙右白虎。

图1-47 木勺（近代）

墓主人北侧布有蚌塑三角形图案，紧接蚌塑三角图案的东侧横置两根人的胫骨，无疑是北斗的图像。胫骨为勺杓，指向东方，会于龙首；蚌塑的三角图案为斗魁，枕为西方。全部构图与真实的天象完全吻合。如此斗宿星图正是古人授时测晷，确季定节，选择春种秋收的真实反映。《史记·天官书》说："用昏建者杓，夜半建者衡，平旦建者魁。斗为帝车，运于中央，临制四乡。分阴阳，建四时，均五行，移节度，定诸纪，皆系于斗。"由此可知，北斗之宿在六千年前的新石器时代，已经成为人类授时设节的重要依据了。尽管二十四宿大体成书于春秋战国，但它是古人成千上万年地观星问天，无数人久久为功而形成的，也是经过多少巫卜圣人无数次地观察，推理修订后的推断与成果，最初的认知与称谓可想而知。以勺之形，喻星之状，便知晓其之久远。所以说，勺具的使用不会晚于新石器时代是可以肯定的，甚至更早一些。因为从发现论定至史书王命，再到形成规制葬俗，也有一个缓慢的发展过程。《诗·小雅·大东》说："维北有斗，不可以挹酒浆。"《玉篇·斗部》也说："枓，有柄，形如北斗，用以斟酌也。"就一个"斗"字，便可知斗宿之名，形取斗、勺，以勺而称星，勺具一定成行于"斗宿"之先这个道理。

其二，庄子《五石之瓠》中说："瓠，剖之以为瓢。"匏瓠之器取之于自然，用之于自觉。《说文》讲："瓜，瓜也，象形。凡瓜之属，皆从瓜。"也可能与葫芦中空质轻，可漂浮于水上而称"漂"同理，尽管瓠剖成二，取为舀器，但因其本属葫瓜故也用以称呼，以象造字而集字为"瓢"。所以许慎在《说文》里释训说："瓢，蠡也。从瓠省，票声。"朱骏声的《说文通训定声》进而也说："一瓠劙为二曰瓢。"汉字初为象形字，所以许慎说："仓颉之初作书，盖依类象形，故谓之文；其后形声相益，即谓之字。文者，物象之本；字者言孳乳而浸多也。"总之，不外乎"六书"之法。纵观文字的发展进化史，就不难发现文字演变的两个显著特点。一是象形，二是字体发展的趋简化和逐渐的抽象化与符号化。以瓢、勺二字为例，虽然今天同为一词，表述一器。但在先秦时，则并非一器。瓠劙之器，瓢勺之用，今为一类，自古两器。瓢是自然，勺为自觉；天成为瓢，治勺于后；瓢乃源流，勺是配生。由此可知其千万年中的轮回易变，勺世的前世与今生。

其三，《说文》讲："枓，勺也。从木，从斗。"就"从木"而言，便可知为何不见青铜时代之前的勺具遗存之所在。从物竞天择的原理推测，三代之前的勺具多为木作瓜剖，故因其年久腐朽，而不见其踪迹。然而，史前勺具虽然无考，但是在古代的典籍中仍然不乏其存在信息。《周礼·考工记》中："梓人为饮器，勺一升。"由此可知，木质勺具的使用不会晚于商周，晚至周代时，国家就已经有了专门制作勺具的机构及木作匠人——梓人。梓人之职，不可能从事金铜之工。早期的勺具由于斫木为器，破瓠成瓢，岁月久远，化作了一堆泥土。只有人类掌握了金铜冶炼技术之后，才使得勺具留存了下来。至此文房水具的初制源流清晰可见，盂、滴、洗、勺的母体都完美呈现，只待东风而水到渠成，转型侍文，精彩立世。

（三）文化崛起，水具立世阶段

夏商周不仅是青铜文明的巅峰，而且也是华夏文化史上的一个高峰林立、异彩纷呈的辉煌时期。首先是文字的横空出世，将中华文化带入了空前的繁荣，自此书契取代了原始的结绳与图符，使天下人寻文有道、行书有法、记史有册。尤其是进入春秋之后，周室式微，列国崛起，诸侯僭越。从此文字从侯门宫禁、巫卜柱史中解放出来。百家争鸣、诸子立说，一时间高潮迭起。高起的经学，兴盛的门学，都促进了文字的使用与演进。频起的战事，浩繁的信令，造就了篆演隶变。总之，兴旺发达的文化经学及门学教化带动了书写工具的需求与发展，促进了文具的变革与演进。刑夷合墨、帛文素书、石滑砚研、蒙田制笔、汉纸蔡造等文房用具都屡见于笔端，同时也推动了文房水具的转型发展与独立成制。尽管晚至商周时期，笔、墨、简、砚已经基本完备，文房水具也偶有现世，但还没有从生活器具中完全分离出来，独立成制。不过，文房水具的面世已是不争的事实，时有灵光闪现，仍可从一些史籍记载或近代考古中嗅出一些有关水具的先秦信息。时至春秋，水具出现在那些嗜文爱书，而又衣食无忧的文人士大夫的文几旁，史官文吏的案头上，天子脚下的辟雍里，其出现时间不会晚于春秋战国，也是显而易见的。那些独享文字资源的贵族子弟，行走于柱下门学的客卿谋士，甚至是热衷于舞文弄墨的王侯贵胄，将精工打造、华美绝伦的礼乐彝器、宫室用具，引入文庭书室，成为文房水具。或仿制成雅致清供，陈设于庭堂，布置于几案，成为文人士子行文论道、著书立说时和墨注水的专用器具，也非难事。总之，生活器具的易轨转型、侍书入文，使其专用化，专属化，独立成型；或是改弦更张，彰文显贵，使其陈设化，礼仪化，定制成礼，势必水到渠成，闪亮登场。

1.群雄争霸文雄起，王侯风雅宠水具

水滴，亦名砚滴，与"水中丞"一名同寓，寓意书画王国、文庭书房之"宰辅国相"。水滴器是一种可以调控出水量大小的研墨注水器具。在现有资料中，首见于春秋。记载于汉人刘韵的

《西京杂记》一书中。刘歆（？—23年），字子骏（颖叔）。江苏沛县人，刘氏皇族之后，西汉重臣刘向之子，西汉末人。是古文经学的开创者，目录学家、天文学家，总校群书，撰成《七略》。《西京杂记·广川王发古冢》一文中称："晋灵公冢，甚瑰壮，四角皆以石为攫犬捧烛，石人男女四十余，皆立侍，棺器无复形兆，尸犹不坏，孔窍中皆有金玉。其余器物，皆朽烂不可别，唯玉蟾蜍一枚，大如拳，腹空，容五合水，光润如新，王取以盛书滴。"从周成王"桐叶封弟"，唐叔虞携母入唐，至其子燮父称晋，直到晋灵公于公元前620年（周襄王三十二年）继位，承袭晋国的第十五代晋王，在位14年，于公元前607年（周匡王六年）逊位。灵公是春秋五霸之一的晋文公之孙，一生荒淫无度，史称暴君，但不知还有舞文弄墨的雅好。在陪葬之风仍然盛行的春秋中期，有后宫宠爱三千人，佳丽百黛妾成群的灵公，死后竟无一嫔半妃侍随，却对一枚书滴情有独钟，可见灵公之痴爱。真可谓：史说灵公荒唐帝，不知皇族有文气，佳丽三千无踪迹，一件文房死不弃。

自公元前770年平王东迁，中国的历史进入东周时期。从此，诸侯争霸，七国称雄，华夏大地进入连续征战五百多年的春秋战国时期。在这一时期，由于铁制农具的使用、牛耕农业的推进、水利灌溉的发展及不断掀起的开荒潮，不但使社会的生产力得到了极大的提高，而且让各诸侯国实力大增。同时，由于持续兴起的开荒垦殖、开疆拓土、土地兼并，使一些诸侯王族乘机做大，实力雄厚的列国诸侯们蠢蠢欲动，挑战王权。经济基础决定上层建筑，经济的迅速发展，使得上层建筑发生着剧烈的变化，大大动摇了"普天之下，莫非王土"的周朝礼制。自此，武王伐纣后分封建国的周王朝王权衰落，风光不再。周初所建立的一整套礼乐制度随之土崩瓦解，一举冲破了"刑不上大夫""礼不下庶民"

的传统。春秋战国时期的私学，就是传统教育史上的一个创举。私学的创立，打破了"天子命之教，然后为学"的传统，使学校从王宫官府中解放出来，教师也不再是官吏，而成为独立的社会职业，可以随处讲学，学生也可以自由择师，从而扩大了教育的对象，拓展了文化的传播。孔子首倡"有教无类"，并在私学中付诸实施，成了当时各家私学一致遵循的原则。从此，教育的对象由少数贵族豪门扩展普及到平民阶层，从而使天下生发出一个巨大的文化群体。同时，由于士人的身份逐渐被提高，所以世庶争相做士，纷纷求学读书，希望有朝一日能"学而优则仕"。春秋末的孔、墨及战国的诸子百家都是在这种土壤上发迹并成长起来的。私学的兴起和养士之风的盛行，直接推动了各种学派的发展，形成了诸子百家争鸣的局面。这也印证了一个史学上不断轮回上演的古今奇观，即国弱文兴。进入春秋后的礼崩乐坏竟引发了中国文化史上的一次井喷式的发展高潮，并产生了一系列大师级的文化巨人，形成了以儒、墨、道、法等九流十家为代表的诸子百家，从而使中国文化的发展进入了一个高峰。尤其是金文籀行，石鼓隶变，书体繁荣，方兴未艾；对应的是公门设学，私门养士，诸子立说，天下集经，一时间高潮不断。文欣书兴，使得行书作画，著书修经的人群得以空前的发展壮大，遍及天下。史上宋国之君的一次招募画像就可见一斑。《庄子·田子云》中说："宋元君将画图，众史皆至，受揖而立，舐笔和墨，在外者半。"作为一国之君，其居殿宇一定宏大宽敞，然而仍需有半数的画师门外而立，可见盛况空前。随着文化的高起，书事的发达，简帛引篆遍及天下，势必推动文房器具的刚需发展，升级换代。然而，青铜尊彝、金玉礼器，都是国之珍宝、王侯重器，只能首先出现在那些生活奢靡，锦衣玉食的豪门贵族的锦几上；或者是衣食无忧，痴文爱墨的宫室王庭，公卿士大夫的书宅中。

综上所述，文具中的汲水器，虽然在先秦时期还未整体从生活器中分离独立，自成一体。但也并不像时下人们所言，文房水具直到汉代之后才出现，晋灵公之穴的"玉书滴"足以为证。可以说它是高度发达的青铜文明与灿烂高起的商周文化碰撞出的时代火花，是封建政治的发展进步遭遇社会变革的洪流冲击所形成的文化产物，这些就是"玉书滴"出现的政治历史成因和社会文化背景。究其产生的物质条件与易变路径，就人文环境与社会进程而言，最有可能的是在春秋战国那个特定的大环境中，由那些公卿士族和能工巧匠受青铜彝器，特别是牺尊的影响与启示而先用后仿，精工打制出来的。两种器具尽管用度大相径庭，但其结构相似，原理相通，如出一辙。只是大小有异，器形有别，用处不同。就以国家博物馆馆藏的一件战汉时期的"错金银云纹青铜犀尊"为例（图1-48）。这件牺尊于1963年在陕西省兴平市出土。其头部吻侧的右边有一柱状流管，并贯通腹腔，体内中空，其背设注浆口，口上有盖。犀尊雄壮肥硕，大腹圆鼓，做工十分精湛，酷似一只巨型水滴。只要如此精工小制，缩微改做，那就

图1-48　错金银青铜犀尊尊首及流管
（战、汉）

是王侯锦几上的一件华美绝伦，品位十足的书滴器了。曾几何时，上古社会的先人们就知晓了气流与水流的关系，并掌握运用于生活器具的制作之中，可见古人之智慧。

2. 公卿诸子都是爱，盂圆水圆千年秀

水盂，亦名水丞，水中丞。因承袭于上古时代的饮食器盂、钵、杯、碗等盂类生活器具，而后又通过传承移植，精工改制，引入文房，汲水和墨，故名水盂。马承源先生在《中国青铜器》一书中对商周青铜盂的描述是："盂大型盛饭器，兼可盛水盛冰，一般为侈口深腹圈足，有兽首耳或附耳，体形都比较大……这类大型食器有的自名为'飤盂''䤇盂'，䤇是熟饭的意思，知其主要用途是盛放熟饭。它可能和簋配合使用，簋中之饭仍取自盂中。"盂器的出现也比较早，在七千年前新石器早期的磁山文化中就有出土①。直到商周，无论陶器还是青铜器，盂的器形都比较大，正如马承源先生所说，等"同于春秋时代的盆"②。但盂器进入春秋战国之后，尤其是陶瓷盂在器形上发生了较大的变化，逐渐趋小。不但在器形上出现了小型化，甚至微型化，而且在造型上由商周的深腹侈口，变成了直口折肩，收腹平底。上海博物馆的藏品中就有一件春秋时期的原始青瓷"盂"（图1-49）。该器与冯先铭在《中国陶瓷（修订本）》中所说的那件原青瓷盂十分相似（图1-50）。比起商周时期的盂来显然是小了许多，其口径也不过20厘米左右。《史记·滑稽列传》中说的可能就是春秋战汉时使用盂的情形，"操一豚蹄，酒一盂"。《汉书·东方朔传》中也有"置守官盂下"之说，颜师古在《注》中说："盂食器"。可见尽管仍为食

① 马承源：《中国青铜器》，上海文物出版社，1988，第163页。
② 马承源：《中国青铜器》，上海文物出版社，1988，第165页。

图 1-49 上博馆藏原始青瓷盂（春秋）

图 1-50 原始青瓷盂（春秋）

器，但更显得与碗、钵、杯、盏相当了，造型小巧了好多。由此可知，进入春秋之后盂器的趋小之势，已是不争的事实了。但在那百家争鸣、公私立学、文化勃兴的春秋晚期及战国之际，是否会出现与文房用具相匹配的更小的文房之盂，而非饪食之器呢？前些年，有幸在南京的一个古玩市场就偶遇了一件原始青瓷小盂，器形与上海博物馆馆藏的原始青瓷盂十分相似，但规模却只相当于上博馆藏原始青瓷盂的三分之一大小。该小盂敞口、短颈、折肩、平足。肩上对称塑有绳纹耳，并于两耳间施以S形纹饰贴塑。其口径7厘米，足径4.3厘米，器高3.4厘米，最大肩宽也只有8.5厘米，比一只小耳杯还要小一些。小巧可爱，极有可能是出自春秋战国时期的一件文房器——水盂。（图1-51）

图 1-51 绳纹耳原始青瓷小盂
（东周）

由此可见，水盂同水滴一样，从上古人类的生活器中演变而来，独立成器，行文侍水，是春秋战国政治、经济、思想、文化等社会形态急剧发展变化的产物，是在当时那种特有的社会环境中，文卿士大夫的追求与高超的工匠技艺相结合，就有可能将精美华丽的礼乐器、饮食器、观赏器，经过精工细作的艺术再造，引入文房供主人使用、赏玩、陈设。无论是灵公墓中的"玉蟾蜍"，还是绍兴战国墓考古出土的"玉耳金舟"，或者是南京古玩市场陈设的那件原始青瓷小盂，都可称得上是先秦时期文房器的经典之作。摆上文几，置于砚旁，必定显得格外风雅与优美。从上古饮食之具，到文房和墨之器，案头雅玩清供，也不知经历了多少岁月，直到春秋终于面世成器，名正言顺。如究其名称也是因千年的与水结缘，故其名未变，顺呼直称。由于其专责盛水，所以只是多了一个水字，称为"水盂"，这可能也仅是后世的一种约定俗成的雅号。同时，也从另一个侧面佐证了上古先民的生活器盂，正是后世"水盂"演化的早期原始形态之一。不过在春秋战汉的社会生活中，人们也并不是只把"盂"形器物才称作盂。习惯上古人将能够盛羹浆汤水等食物的圆口（椭）、深腹（浅）、平底（圜）的小型饮食器皿也大都称作盂，并非圆形敛口一统。正如《史记·淳于髡传》中说的："操一豚蹄，酒一盂。"在此处那可就是酒杯了。如战汉时期的一件原始青瓷的"和墨砚"，圆形平底，砚边起立沿，其沿微侈，犹如一支浅腹的盘子。奇巧之处是，该器的中间位置还塑造了一只微型耳杯（**图1-52**）。可能砚中之杯就是为和墨汲水而设置的盛水器，由此可见，先秦文房以杯为丞的存在。还有，如1982年浙江省考古所在绍兴坡塘狮子山306号战国墓中出土的一件"玉耳金舟"（**图1-53，图1-54**）。金造器身，双耳玉琢，为圆环形，饰卷云纹，铆接于靠近口沿的两

图 1-52　原始青瓷（脱釉）和墨器（春秋战汉）

图 1-53　玉耳金舟（战国早期）

图 1-54　小陶盂（战国早期）

侧。金舟整体椭圆造型，敛口、卷沿，腹微鼓，平底、深腹。口径14.2厘米×11.2厘米，器高6厘米，精致典雅，高端而简约。据撰文者推测，墓主人应该是越国文卿士大夫级的人物。让考古发掘人员不可思议的是，在这件玉耳金舟之中，还放置了一支泥质黑灰色的小陶盂。小盂袖珍古朴，犹如一枚纽扣般大小，腹经不过2.7厘米，器高仅1.5厘米，敛口、鼓腹、平足，小巧玲珑。至于为何要放在玉耳金舟中入葬，可能与古人视死如视生的葬俗有关。想必如同历代墓葬中"盘""匜"配置而行的葬制惯例，生前配用，死后同穴一个道理。墓主人活着的时候便以玉耳金舟盛水，而用小盂舀水，盛挹共汲，搭配使用，故身后才同穴套置，顺理成章。此外，与舟、盂二器同穴，并同置于一个土台子上，同时出土的还有铜洗及刻刀、削、刀、凿和砺石、陶线锤等6种，计51件刀具修磨，简书修改，简册编制的一整套文具。这套文房用具器物链完整，从而更加佐证了"玉耳金舟"及"小陶盂"的文房水具身世。至此，文房之盂在春秋战汉时期的现状及演变发展的过程，归结起来，其特点主要有如下几点：

一是，舟、盂同穴，盂藏舟腹的葬制说明，"玉耳金舟"如果是文房盛水器的话，那件微型"小陶盂"就极有可能是墓主人用以入舟舀水，而后注砚和墨的挹水之物，或者是盛汲两用的文房水具。正如宋人聂崇义在《三礼图》中所说的，量极小的可能是作为砚滴使用的，"又有极小者，容一合。铭二十字：'作司，用遣用归，维之百零之四方，永之佐福。'恐是盛水砚滴。"所以说，盂器在战汉之际其实是盛舀两用之物，即可以盛储集水，也用来舀水注砚，一器两功（东汉之前，墨为墨丸用研石干研，然后再行注水和用，还无水勺之说）。

二是，文房之盂在春秋战国之际的出现及使用是基本可以肯定的，但在器型上仍是不统一的。还有以饪食器具、盛饮器皿盛水和墨的情况。无论是原始青瓷折肩盂，还是玉耳金舟与小陶盂，或者是以耳杯羽觞作盛水器，都反映了在春秋战国时期文房水具还未从生活器中完全分离独立，自成一体，形成规制。存在着水具一器两用或多器同功的多元杂流性，还处在分离独立的进化完善期。盂即可盛水，又以舀水。大器称盂，小具也称盂。盂可盛水，舟可盛水，耳杯也可盛水，或者是其他小型器皿，如传统的酒器觚、爵、觯、卮等都可能成为那时的文房水具来使用，甚至汲水注砚。故秦汉之前，水盂还未形成统一的制式和器型。

三是，因受到社会和政治的进步，经济与生产的发展，思想同文化的变革，以及人们的使用需求和审美制约等诸多因素的影响，进入春秋之后使盂器迅速易变转型，行文侍水。所以，春秋战国及秦汉时期是盂类入主文房，独立成制的一个重要的演进发展时期。如在春秋之际，以至后世，盂器无论大小，还都是折肩平底的基本器型。但是进入战国之后，有一种小型的文房盂器演变出了敛口、圆肩、鼓腹的新形态，活像后世的一件佛家钵盂。从而克服了过去那种折肩平底造型入水有阻滞、舀注不顺畅的缺点。秦汉之后，作为盛舀一体之器的小型水盂，进一步优化出鼓腹圆底的器型，有的还在器物的表面和腹部及口沿上出现了各种精美别致的花纹装饰，使其入水挹舀更加顺畅优雅，越显得美观秀气，用陈两便，尽显文人情调。前些年，有幸在苏州的文庙市场遇到一件硬陶小盂，可能就是这一时期的器物。该器双耳敛口，鼓腹圆底，口径2.6厘米，腹经5.8厘米，器高4.2厘米。器身整体麻布纹印花装饰，器口绳纹耳捏塑，环腹阴刻有四个小舞人，十分精致。这种鼓腹圆底的器型直到唐宋时期仍有出现，反映的是水盂在那个时代的特定需求和文房雅趣。（图1-55）

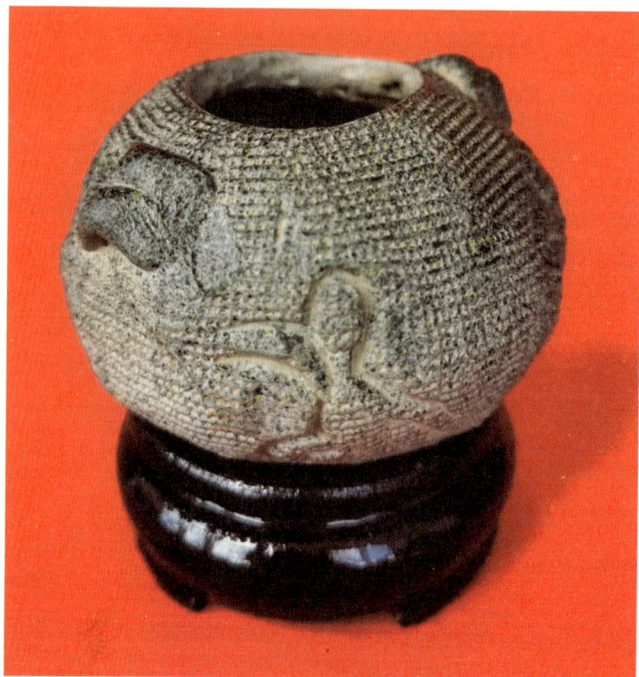

图1-55　麻布纹双耳舞人硬陶小盂（汉）

3. 盘盆盥沐七千年，华丽转身主文洗

文房之洗，也称笔洗、水洗、洗子。这一称谓也是原称直移，稍做修饰，加水而呼。洗字前冠以"笔"或"水"，也是因其专门于文案的洗笔盛水之用而生的雅号俗称。洗，自古典籍有载，使用有制。洗已知最初出现于战国，流行于秦汉。由盘、盆等盥沐之器演变而来。一般呈圆形，敞口窄沿，直腹平底（或下腹内收），有的器肩两侧有铺首，其形甚像如今的脸盆或平底锅。《仪礼·士冠礼》载："夙兴，设洗直于东荣。"郑玄《注》："洗，'承盥洗者，弃水器也'。士用铁，荣屋翼也。"洗，古承盘盆而制。盘盆盛行于商周，都是古代的盥洗沐浴之器。《礼·大学》中载：

"汤之磐铭者，汤沐浴之盘，而刻铭为戒。"盥洗时，盘一般和匜或盂、觚、觥器配合使用。段玉裁《说文解字注·皿部》讲："《礼记·内则》云：'一清沃盥。'沃者，自上浇之；盥者，于受之而下流于槃（盘）。"盘的使用也非常早，在七千年前的新石器早期河北武安的磁山文化中就有陶盘出土。这件"磁山盘"与后世的青铜盘在器型上已无多大差别。只是进入青铜时代之后，才有盥沐器与盛食器之说。盛食器以"盘飧""盘盂"称之，而盥洗器在进入战国之后，随着沃盥之礼渐废，盘亦被"洗"所取代。就洗的本意而言，就是用水除去污垢。《史记·高祖本记》中载："沛公方踞床，使两女子洗足。"《论衡·讥曰》中也说："洗，去足垢；盥，去手垢。"从造型上来看，洗可能就是盘与盆的一个结合体，是人们出于某种适用需求，而对盘盆器盥洗沐浴功能的一次革新和进一步完善。就像《论衡》中所讲的，当初的"洗"就是用来洗足沐浴的。而盘、匜只是洗手的礼仪之器，各有规制。因为洗出现之后，盘、匜也并未消失。从江苏无锡前洲出土战国晚期的"郯陵君洗"和上海博物馆馆藏的西汉早期"鱼纹"洗来看，洗器圆如盆，敞口、折沿、直腹（或敛腹）、平底①，似乎更适应于洗足。但将此等洗盥器物引入文房，摆上几案，成为文洗的时间如今还无法考证。不过，它与春秋晚期社会的变革，经学的繁荣，门学的兴起等高涨的文化及庞大的文具需求不无关系。与文卿士大夫门的个人情趣和主人财力以及工匠技艺等主客观条件都密切相关。至于这些文人士卿们是否需要一件更加柔美精致的洗笔之器，以显示士大夫高雅倜傥的风度，而取代那些笨重而硕大的盘盂盆洗呢？就此，文房之洗应运而生。并因其功能和形态的相近

---

① 马承源：《中国青铜器》，上海文物出版社，1988，第300页。

性，也约定俗成以"洗"相称，传世千年。在20世纪80年代的"绍兴306号"战国早期墓葬的考古发掘中，在同穴、同处的一个土台子上，除出土了一套包括铜质刻刀、削刀、刀、凿等五十多种刮削修磨等制简工具和"舟""盂"组合的汲水器具外，同时还出土了一件"青铜洗"。洗的口沿部稍有残损，残口直径28厘米，底径17厘米，残高8厘米。口沿两侧有小纽，纽内贯圆环，素面无纹，胎壁极薄。据该墓的《发掘简报》说："经浙江省标准计量所实测，厚度仅0.36毫米，为历来所罕见。"[①]我们在赞叹古人高超技艺的同时，也不免要提及几个问题。其一，器口虽残，但未见有战汉洗具折沿部的残存，并在深浅大小等造型上与"郙陵君洗"和"双鱼洗"均有较大的差异，显然是低矮显小了很多。即使与盘盂相比，也几乎不见小于30厘米口径的器物，盘、盆、洗器一般要更大一些。然而恰是与汉魏六朝时期的文洗更为相近。其二，铜洗28厘米的口径与0.36毫米的轻薄胎体尽管被千年锈蚀，原器物也不会太厚重。据此，用以洗手也显勉强，如果要是用来沐浴洗足，显然不宜。其三，同一土台子上出土的器物之中，除了铜洗之外，还有一套用于简牍的修削磨装工具和汲水和墨器具，已基本构成了一个比较完整的文房器物链条。试想，如果把这件精致素雅的青铜洗与其他的同坑文具一起置于几案之上，是否显得更为妥帖适宜。所以，这件战国早期的青铜洗，必然是那位徐国卿大夫文几上的一件文房器。据此可见，战国或是再早一些的春秋晚期就有文洗的出现。（图1-56）

---

① 《文物》1984年1期，第10页。

图 1-56　双钮圆环青铜洗出土情况（战国早期）

4.型墨立世研墨新，药勺入文四具臻

秦汉的统一、战乱的平息，为生产的发展、文明的进步都提供了必要的社会条件。尤其是汉初的几位统治者采取了"轻徭薄赋""与民休息"等促进经济恢复、推动生产发展的政策，使国家的农业和手工业生产都得到了长足的发展。出现了著名的"文景之治"，到汉武帝及位之时，西汉封建王朝达到了空前的繁荣，可以说是民富国强，百业兴旺。再加上汉武帝推行"罢黜百家，独尊儒术"，"大收篇籍"，发展教育等国策政举，都有力地促进了文化艺术等诸多方面的发展进步。尤其是进入东汉之后，文化教育更加繁盛，翰墨书事、科学技术等都再一次进入一个历史的高点，并连续创造了几个历史上的第一。如积极推进造纸工艺的改良革新，第一次用破布帛、烂渔网、麻绳头等造出了"蔡侯纸"；又如改进了陶瓷制造工艺，第一次创烧出成熟青瓷，从而克服了原始青瓷烧制时的窑温低、胎体粗松、吸水率高、胎釉结合差、易剥落等缺点；还有采用全新的制墨工艺，第一次以模制墨，始成型墨，因其形似"螺黛"，故史称"螺子墨"。就因这一次墨的由丸成锭，改变了千年的研墨方式，第一次弃研石而自研成墨。同时

也引发了砚面的由平成凹、周边挺立，易变成后世的砚堂下凹、砚边隆起的制式，使几千年来与砚同台互动的砚石从此退出了文具舞台。（图1-57）①

也正是由于型墨的使用及研磨方式的改变，促使了文房"勺"具的诞生。这是由于此前的古墨是用手捏制而成的球团状，或是以矿物颜料打制成的细小碎块，史称"墨丸"。用时需要用研石将其先行研磨成粉末，而后经加水调和，方能舔笔而书。直到魏晋时还是两种方式并行。王羲之在《笔势论》中就曾说："夫欲学书之法，先干研墨。"《庄子》中也有"舔笔和墨"之记载。然而，锭墨使用之后，墨由先研成粉，后注水和，变成研磨一体，自研成汁。这种直研慢磨、边研边注方式的出现，从根本上改变了数千年来磨墨的注水方式。将一次性（或几次）多量注水和墨，变成了视墨汁的浓淡、研磨进度及用墨量的多少，而少量多次，点式注水的磨墨方式。这样一来，在长期频繁的研墨注水过程中，人们会感觉到用盛水器具直接倾倒，十分不易有效控制其加水量的问题，故有有心人引用一种特制的小

图 1-57　螺子墨（汉）

---

① 洪丕谟：《洪丕谟说文房四宝》，安徽美术出版社，2010，第51页。

型器物舀水注砚，自然也是情理之中的事了。关于水勺的记载最早出现于宋龙大渊撰的《古玉图谱》中。其《谱》卷七十一，对一组六朝时的水丞及勺具作了图注，并附文说："古玉，雷文豆水丞。""高二寸五分，圆径六寸八分，玉色莹白无瑕，间饰以雷文，腹上饰以衔环兽面，圆口高足，绕以三环，更用碧玉鸬鹚杓为付，六代名贤之美器。"又《谱》卷七十二，对另一只汉代水丞及丞中之勺作图注并附文："古玉雷篷水注……长二寸九分，阔一寸八分，深一寸二分，足高四分，玉色甘青无瑕。腔间琢刻有雷文，足如意，精镂入妙，式制臻奇，汉之佳器也。"并在"古玉雷篷"长方形水丞中放置一只桃形尾饰长柄勺，也应为同代器。两器精致典雅，华美大气，可窥汉魏六朝时勺具之风貌。

纵观盂、滴、洗三器的演绎进程，同属生活器具的勺具适应砚事，入文侍水也并非易事。要把"勺一升"之木制瓠剖的炊具、礼乐宴饮的勺斗，变为《三礼图》所说的，量"极小者，容一合"。甚至是更小的勺撮之盛，微小"砚滴"，其间也有其曲折奇妙的演进轨迹，可谓一波三折。即万年瓠勺，千载抱器，先进药堂，作散剂撮微之功，而后才入驻文房，行舀水注砚之事。先秦古籍《孙子算经》上说："量之所起，起于粟，六粟为一圭，十圭为一撮，十撮为一抄，十抄为一勺，十勺为一合，十合为一升，十升为一斗，十斗为一斛。"所以，后世以勺撮之量，泛指微小之物。后来的《本草纲目序列》和六朝陶弘景的《名医别录·中药合剂法则》都引载过《孙子算经》中的这段话。在这里作为司药时的计量单位，是确认无疑的。然而，此处的"勺"量，极有可能恰恰正是当初的量勺，就是一件医官郎中用以舀取盘量散剂的上古药具，并也以勺为量，抓药计配，行医计费。长此以往，顺称直呼，约定俗成，流行古今。今天有幸在宋人龙大渊所撰的

图1-58　汉

图1-59　宽柄雕花铜水勺（唐宋）

《古玉图谱》中仍可一览汉魏时期文房勺具的艳丽身姿（**图1-58**）。如究其勺称之由，仍如"盂""洗"一样，先以司药之器，后有计量之呼，然后进入文房舀水注砚，因其只为挹水，不做它用，故勺前加水，顺势而呼，以示区别。由此可见，药勺乃先秦之物，想必是在型墨问世，直研成行之后，有人发现其勺之妙，引入文房，以舀水注研。此时此刻，恰似唐人吴融在《古瓦砚赋》中所吟唱的："玉滴一堕，松烟四上，山鸡误舞，澄名之石镜当头；织女疑来，清浅之银河在掌。"这也更彰显出古人借他之功、善己之缺、华丽转身、物至名归的勺变之路。（**图1-59**）

水勺相对盂、滴、洗来说，稍晚一些，但也不会晚于汉。当然，即便是型墨问世，水勺成行之后，用小盂舀水仍有流行，并长期并存，只是小有变化，盂口上多了条提梁，形似"瓷蓝"。关于提梁式盂器，宋人龙大渊在《古玉图谱》中也有描述："一提梁水丞高三寸三分，有盖。圆径六寸九分，提梁连环长二寸五分，有盖连于梁上，玉色甘黄，满斑匀布，琢刻精工，秦汉物也。"水勺初起于汉，兴及六朝，至隋唐宋元更加流行开来，遍及文房。仿佛听到黎逢《石砚赋》的一声吟诵："君无谓一拳之石取其坚，君无谓一勺之水取其净，君其遂取，我有成性，苟利于敷闻，固无辞于蕴映。"然而，由于文勺细小材殊不易保存，当今常见的多是明清器物，铜质居多，勺首作圆口圆底或花口浅腹造型，柄尾以龙、鹤、禽、鸟、桃、心、花、如意等纹饰。制作小巧别致，精美秀雅，还有越制而为的，"龙勺"走进了百姓家。真可谓具小而器精，简作而大美，引清流而丞文墨，寄托了多少文人士子的奇情异志。水勺小巧可爱，置于水中如龙潜而鹤立。一勺微举如龙腾而鹤鸣，注水入砚引甘露而濡墨，搅动过古今无数书痴儒圣的万丈豪情。正如宋人龙大渊在《古玉图谱》中对一只魏晋玉勺的赞誉："更用碧玉鸬鹚杓为付，六代明贤之美器也。"（图1-60）

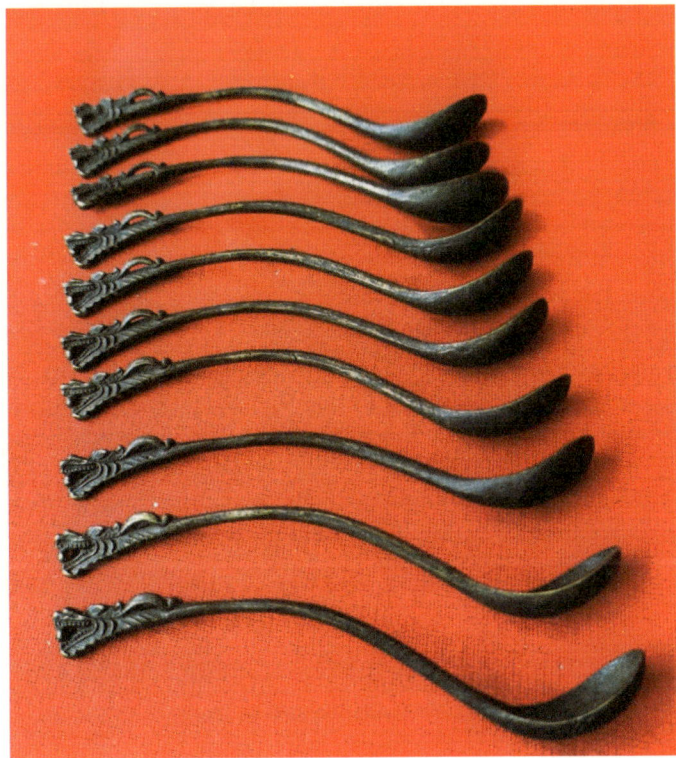

图1-60　龙首尾饰铜水勺（清）

二

穷材绝技与工艺

千百年来，文房水具的选材与用料都十分广泛，有取物庞杂、选材讲究、穷材择优的特点。论其工艺也是精工绝技，奇思妙作；技出多门，艺取百行；以题就物，因材而工。

（一）用尽天下万种材，女娲捧出天石来

制作文房器具的选材用料历来庞杂多样，非常丰富多元。正如庄南杰在《寄郑碏叠石砚歌》中说的："娲皇补天残锦片，飞落人间为石砚。"古人常用这样的诗句来赞美文房器，真是一点儿也不过誉。《西京杂记》讲："天子笔管，以错宝为跗，毛皆以秋色之毫，官师路扈为之。又以杂宝为匣，厕以玉璧、翠羽，皆直百金。"苏易简在《文房四谱》也称："傅玄云：'汉末，一笔之押，雕以黄金，饰以和璧，缀以隋珠，文以翡翠。此笔非文犀之桢，必象齿之管，丰狐之柱，秋兔之翰。用之者必被珠绣之衣，践雕之覆。'"就文房用材而言，莫过于毛笔和水具，可称得上是双雄绝代，比肩而行有几十上百种之多。要说奢华，当首推毛笔，无具可及。清人唐秉均在《文房肆考图说·纸笔墨考·笔说》中称，汉代制作笔曾经用黄金雕琢，装饰玉碧、宝珠、翡翠等珍宝，笔管不是用犀牛角制作，就以象牙制作，非常华丽。明人文震亨在《长物志·器具·笔》中也说过："古有金银管、象牙管、玳瑁管、玻璃管、镂管、绿沉管，近有紫檀、雕花诸管，俱俗不可用。"其实昔日的书圣王羲之对此也感同身受。故在《笔经》中便有过一凡评说："昔人或以琉璃，象牙为笔管，丽饰则有之，自然须轻便，

图2-1　戈壁石水盂（现代）

重则踬矣。"如用金、银、铜、铁、锡、铅及朴石等重质材料制作笔杆的的确也不多见。更无天生地造之工，自然天成之器，唯水具是无所不用其材。宋人杜绾在《云林石谱》中曾讲："鼎州祈阇山出石，石中有黄土，目之为太一余粮。色紫黑，其质磊砚，大小圆匾，外多粘缀碎石，涤去黄土，即空虚。间有小如拳者，可贮水为研滴……"张邦基《墨庄漫录》卷二中也说："禹余粮石，形似多怪，魂礧百出，或正类虾蟆，中空藏白粉，去其粉，可贮水作砚滴。"真可谓是，穷尽天下万种材，月宫吴刚伐桂来，本是仙家丞露器，遗落文房添精彩。（图2-1）

（二）神来之手做一器，巧夺天工看工艺

说到文房水具的制作工艺和造型风格，归纳起来有以下三个基本特点：一是自汉魏以来，文房水具大多呈现出仿古成器的非

原创性。二是涵盖了多种传统手工艺的精制与巧作，彰显出技生多门、风格不同、器形各异、特点独具的多样性。三是基本结构固化不变，千年一制。而工艺造型却是千姿百态、风情万种，展现出其变与不变的统一性、宫藏庶珍的传奇性、工纳百家的包容性。

仿古而工的非原创性。纵观文房水具的造型结构与历史沿革，正如前所述，几乎都是根据上古先民生活器具，先用后仿而制的，是神工妙手的艺术再现、仿效脱古的二次创作。如水盂就是直接脱胎于上古的盂、钵、杯、舟等类饮食器（图2-2～图2-5）；

图2-2　原始青瓷（脱釉）水盂（战汉）

图2-3　双系网纹鸡首水盂（晋）

图2-4　孔雀缘釉瓜楞形水盂（唐）

图2-5　雕花梅枝铜水盂（明清）

水滴，基本上是脱胎于上古的盉、鬶、壶及前流背穴的"牺尊"等青铜礼器或陶瓷古具（**图2-6～图2-9**）；笔洗，更是直接脱胎于由"盘""盆"等盥沐之器衍生而来的文房器具

图2-6 错金银青铜犀尊（战汉）

图2-7 绿釉龙龟驮兽水滴（汉）

图2-8 影青釉残荷蹲蛙水滴（宋）

图2-9 白釉龟滴（明清）

（图2-10～图2-13）；水勺，则是引用改良于由"枓""勺"等古挹器演变而生的"药勺"（图2-14～图2-17）。即便是后来出现的"水注"，也是由先秦鬶盉、六朝执壶，唐宋的"注子"仿引转变而成的文房注水器。可谓是，大器小作缩微制，依古转世生活器，艺术再现件件精，华丽转身显文气。

图2-10 原始青瓷圆洗（汉）

图2-11 绳纹耳青瓷洗（晋）

图2-12 青瓷折沿双鱼洗（南宋）

图2-13 白玉雕花双鱼洗（清）

图2-14 平底杯曲柄勺（商晚期）

图2-15 青铜药勺（春秋战汉）

图2-16 银鎏金簪式柄刻花水勺（唐宋）

图2-17 瓜棱碗鸬鹚尾饰铜水勺（清）

器出传统手工艺的各个行当，多门众派，诸多工艺，各种技法，展现了其工纳百家、雅俗共存的多样性。 观摩文房水具的制作工艺，就不难发现一个规律，只要是陶瓷类的水滴，大多是以手塑合模而成，而水盂和笔洗则基本上是轮制拉坯成型。更微小的盂器，也不排除以手工雕塑完成。此外，因水具选材用料的多样性、庞杂性，从而也造就了其制作工艺的复杂多样性。涵盖了传统手艺的雕刻捏塑、施釉印花、拉坯制模、入窑烧造、雕凿钻磨、掐丝锻铸、镶嵌错度、种养采捕、竹制木作、髹漆彩绘等几十种工艺。涵盖了中国传统工艺的诸多行当。可谓是传统工艺全武行，刻画塑烧"金小相"，莫似仙家神手在，何有绝技饰文房。（图2-18～图2-41）

图2-18 金塑雕花洗（明清）

图2-19 栖鸟瓜藤银水盂
（清）

图2-20 对龙纹龙柄执壶形铜水注
（明清）

图2-21 龙首流鼓形盂方池洗铁胎水具
（清）

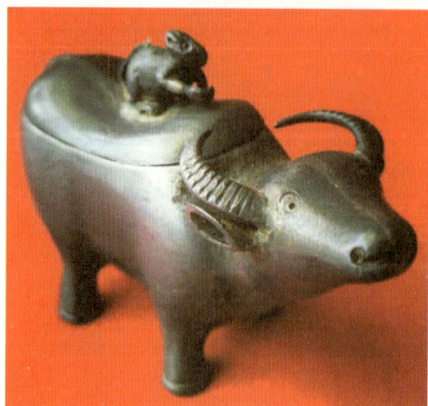

图2-22 一甲登科锡胎水注
（晚清民国）

图2-23 梅枝戏蟾玉水盂（晚清民国）

图 2-24　瑞兽形石雕水盂
（元明）

图 2-25　天地方圆竹雕水滴
（晚清民国）

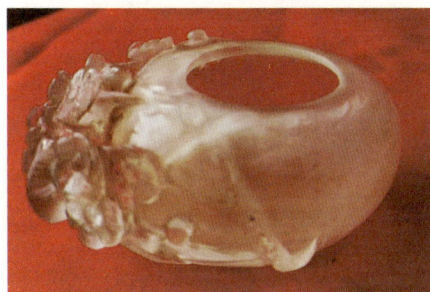

图 2-26　水晶雕冰梅傲雪水盂
（近代）

图 2-27　玛瑙雕方池诗文水洗
（清）

图 2-28　蹬陛蟾蜍木雕水滴
（近现代）

图 2-29　云龙纹象牙雕水盂
（清）

图 2-30　犀角雕荷叶洗（清）

图 2-31　葫芦模制螭龙纹洗（清）

图 2-32　敛口鼓腹象骨雕水盂
（晚清民国）

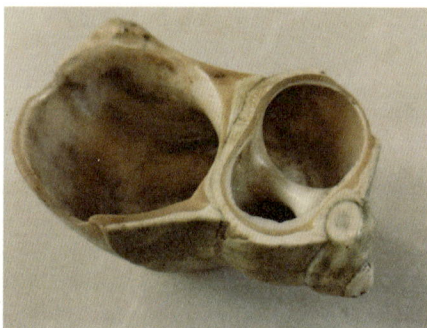

图 2-33　螺壳添彩水盂（清）

图 2-34　金鱼戏水纹套色玻璃水盂
（近代）

图 2-35　玉龙首嵌宝石错金银水盂
（清）

图 2-36　秀狮黑陶水注（清）

图 2-37　荷叶戏蟾紫砂洗（晚清民国）

图 2-38　蓝釉沙陶（笔插）水盂
（晚清民国）

图 2-39　珐瑯釉狮形水滴（部分脱釉）（元）

图 2-40　童子戏蟾青花釉里红水滴（清）

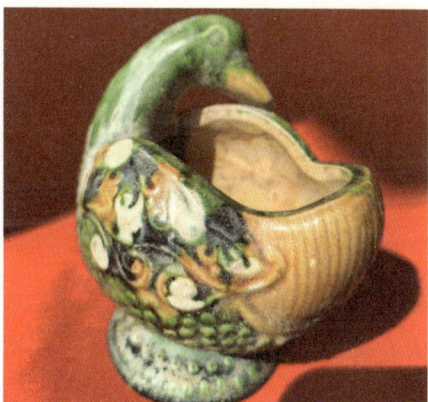

图 2-41　三彩天鹅戏羽水盂（唐）

制不变，器生变，一制不变万种变的多变性。可以说，就原始结构和型制而言，其基本上是千年不变，但器物造型却是千变万化，无奇不有，故变中不变，不变中生变，变则千面，是文房水具的又一个特点。就拿水滴来说，最早出世于春秋，器承牺尊、盂、鬶等前流背穴的礼仪之器，前世酒器，春秋一变，战汉滴具，后世永制。水盂也同样现身于春秋战国，器承盂、钵、舟、杯等器，器上开口，敛口鼓腹，战汉成制，后世永续。洗承盘、盆，敞口直腹，平底（也有唇口或沿口的，有圈足附耳或敛腹圆底的），战汉入文，魏晋定制，终身不变。勺具稍晚，约在型墨成制，研石退世之后的汉代。器仿勺、科，先秦司药，汉魏侍文，后世水工。圆口圆底（或平底）小碗，碗后长柄，尾饰花鸟造型，也是千年不改初制。盂、滴、洗、勺四器，大约成型问世于春秋战汉时期，其器型构造两千年来一制相承，自春秋演变、战汉入文之后，可谓是千年未变一贯制，万种外形四种器，真乃变中不变。而不变之变则是说，水具的传承之母——上古生活器中的盛饮器具，原始当初就是盛放酒水、羹汤等流体的器皿，进入文房之后仍是装舀清流天露，其承载之物可以说是基本未变。然而，毕竟如今陪侍文墨，弃饮而行文，又是二度创制、另貌新颜，故也可谓是不变之变。

之所以说它是不变中生变，变则千面，犹如一夜桃花千姿百态、风情万种。就是说除了水具的器型构造千年不变外，以陶瓷材质为主体材料的大势也从未被他物所替代过，也是一材独霸两千余年。自东汉青瓷的烧造工艺成熟之后，制瓷业的发展非常快，尤其是进入魏晋之后，更是异军突起，盛极一时。就连兴盛千年的青铜器及漆器都逐渐淡出了人们的视野，但瓷器以其制作成本低、可塑性强、延展性好、光润亮丽，及坚实致密的不透水性等优势，成为饮食器、盛储器、盥洗器、赏玩陈设器，同时也是文房水具的首选用材。此时不变中生变、变则千面，恰恰说的就是由陶土的可塑性及瓷釉的可变、善变、多变性所引发的水具在工艺上的变化，即色彩上的美化、技法上的多样化、文化上的多维化。文房水具的首个飞跃，就出现在这一时期。魏晋南北朝时期的水具不光是数量增加、质量提高，而且在花色品种及工艺制造上都有不俗的表现。如在釉色上，除了此前的青、绿、黑、三色之外，又出现了点彩、褐彩，尤其是南北朝时创烧的白瓷，既为后世彩器的出现创造了条件，也给文人士卿们的生活增加了一抹亮色。使文房水具显得更加色彩艳丽、妩媚可人（图3-42）。在造型上，六朝器具中的鸡首注、蟾蜍滴、兽足洗等畜禽动物类题材显得兴盛而夸张（图2-43）。由于生活化倾向的日益浓重和儒释道神怪的南北横流，人、神、佛、道形象第一次出现在水具上（图2-44）。同时，壶罐类小品也成了较为常见的造型和题材（图

图 2-42　青瓷点彩连珠纹鸡首注盂（晋）

图 2-43　青瓷双弦纹蟾蜍水盂（晋）

2-45）。在造型工艺上，因受四种书体完臻、书画圣手辈出、翰墨书事登峰、匾题碑书字大所引发的"洛阳纸贵"，砚业发达，笔壮墨重及研墨用水需求的影响，也促使了水具的增量扩容大型化，造就了这一时期"滴王""巨丞""大洗"的烧造。如六朝时的一件水滴器，鳖形褐彩，柱壮四足，后尾上翘，环勾鳖背，器长达12厘米，器宽10.2厘米，器高9.5厘米，可谓滴中之王（图2-46）。六朝时期也是一个社会十分动荡的年代，前赵灭晋，五胡乱华，世族专权，政治黑暗，贫富分化更是日益严重。在一些豪门巨富、高级士族及其门客文人寻欢作乐、思异求奇等极端心理驱使下，文房注水之器在形制结构上发生了首次易变改型。其中"虎子"形水滴就是反映六朝时期这一特殊人文现象及社会世态的一件典型器物。"虎子"本是一件溺尿之器，始现于战国，时兴于汉魏六朝。但时至魏晋，一些社会名流或豪强门客醉生梦死，及时行乐，崇尚无为，精神颓废。其生活上更是放荡不拘，享乐无度，溲器也由后室走进了文房，摆上书桌，成为砚滴。这不仅是"虎子"在位置及功用上的变化，也使水滴在结构和造型上都发生了颠覆性的改变，成为文案上一

图2-44　贴花人物青瓷三足洗
（西晋）

图2-45　双眸喙流口双系罐形水盂
（六朝）

图2-46　褐釉柱足鳖形大注
（六朝）

件既小巧好玩又新颖独树的"独流"滴器。如按水滴前流后孔的传统原理，势必无法使用，但古人以其出奇的智慧和高超的技艺，解决了这一问题。奥妙就在流口上，只是使流口加粗一些（约1厘米左右），便可迎刃而解。从而使水滴彻底改变了之前那种前流后孔的传统制式，两口变一口，既能保证气息畅通，又不阻塞水流进出，只要水滴器倾斜角度得当，就能做到注水通气两相宜。使得独流器只能慢注细滴，不可快流大出，一旦流量超限，水流便会因堵塞了进气道而断流止注。（图2-47）

图 2-47　黄釉虎子形水注（北齐）

隋唐是中国历史上一个极盛的时代，社会安定，百业兴旺，尤其是酌酒吟诗，品茗唱和，似乎是当朝社会的一种时尚与品位，更是文人骚客的一代风雅与情怀。因此，才会给诗人李白冠以"诗仙"，才能让书家张旭成为"草圣"，才使得陆羽成就《茶经》，更有"南青北白"的瓷窑名闻天下，传扬后世。当时有一种十分时尚的瓷材壶具，盛酒的叫"注子"，点茶时也称"茶提点"。由于其器形优美雅致，被文人雅士精工仿制引入文房，俗称"水注"，自此流行千年而不衰。水滴与水注虽然只是一字之别，但却是水具史上，时至隋唐之际的一次器型上的新种之变。然而，就使用方式而言，其实也是研墨注器上的一种返璞归真，是尊古回溯盉、匜、执壶的一次二度易变。从而使研墨注水家族又一次添丁进口、增新扩员，续写出姊妹篇，形成并蒂莲，而古今斗艳（图2-48）。其次，除了唐窑的"南青北白"举世闻名外，唐代北窑创烧的低温釉"唐三彩"，江南铜官窑始烧的"釉下彩"，也可称得上是后世彩瓷的开山之作。创烧之初就有水具出炉，此后也屡出文房，至今双彩独秀，无器可及。这也是水具入唐后的又一次维新易变——釉色之变（图2-49）。再次，是器形与工艺上的发

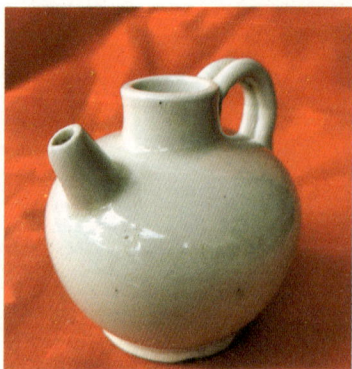

图2-48　直胫鼓腹双股柄水注（唐）

图2-49　敛口鼓腹贴花三彩水盂（唐）

展与改进之变。其一，艺术瓷长足发展，门类繁多，文房器品形
各异，多姿多彩（图2-50～图2-57）。其二，水具的器形趋向多元

图2-50　直胫折腹龙柄青瓷水注（唐）

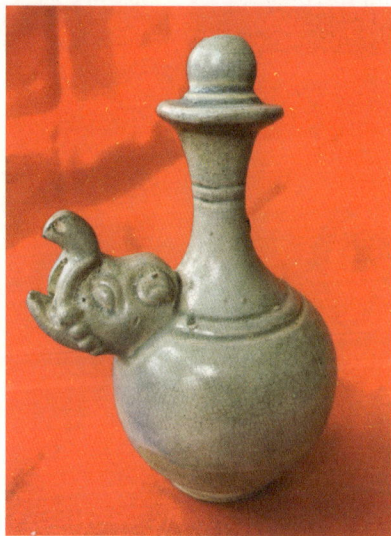

图2-51　白釉象首军持形水滴（隋唐）

图 2-52　三彩直胫折肩四系水盂（唐）

图 2-53　鲁山窑黑釉窑变水注（唐）

图 2-54　长沙窑太阳纹水盂（唐）

图 2-55　黄釉蟾蜍水滴（唐）

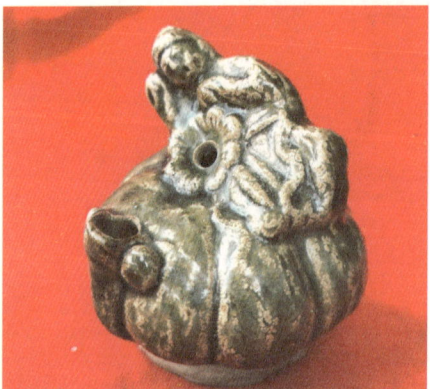

图 2-56　青瓷卧瓜人物水滴（唐）

图 2-57　白釉螭龙提梁狗首形水滴（隋唐）

图2-58　黑釉鼓钉纹提梁水盂（唐）（2.9厘米×2.6厘米）

图2-59　绿釉绞胎（注）盂（唐）

化，大的如缸似盆，小者小巧精致，玲珑可人（图2-58）。其三，水丞出流，一盂两用器的出现，使得主人舀注两便（图2-59）。其四，突破了魏晋以来平足一统天下的制式，水具的底足除平足外又出现了玉璧底、圈足底、斜削挖足底、旋削螺纹底、喇叭口底足等多种多样的工艺造型与底足工艺，使器物显得更加秀美多姿。（图2-60~图2-65）

图 2-60 平足（唐）

图 2-61 圈足（唐）

图 2-62 喇叭口外侈足（唐）

图 2-63 斜削堤形圈足（唐）

图 2-64 玉璧底（唐）

图 2-65 旋纹底足（唐）

赵宋一朝，是一个颇受世人争贬的朝代。呈现给世人的是一种特有的社会形态和国势民情。其主要特点：一是兴文抑武，四邻以武求生，邻里屡生战事，边患一朝难平。二是君臣爱翰，艺冠古今，文化事业繁荣昌盛，多元文明共兴通达。三是经济繁荣，生产发展，科技进步。四是多民族共存，诸集团博弈，互鉴发展，消长共荣。五是政弛国弱，市兴民丰，交融发展。在这种社会形态和人文环境的大形势下，文房器具的演进发展也体现出相应的特点。由于文化的勃兴发展，制作工艺的不断改进及市场的求新、寻变、唯美、入俗之需，首先使制瓷业的发展及工艺技术水平的提高都有了前所未有的进步，创烧出了汝、官、哥、均、定等五大名瓷，同时还有数不胜数的地方窑口，窑火旺盛，生意兴隆，趋利而行。所以在整个社会文化需求的强势推动下，文房器几乎是无窑不烧，并成就斐然。与此同时，由于皇室贵戚对书画艺术的偏好与需求，也使水具第一次成就于官窑，登上了殿堂（图2-66）。其次是草原民族的"跪乳"情节与汉民族"孝悌"文化的

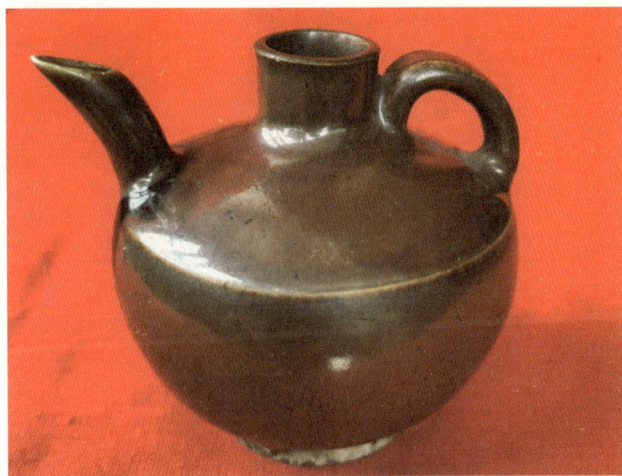

图 2-66　定窑酱釉水注（缺盖、宋）

交汇与融通，促使水具的再一次易变，创烧出了水滴新种，即由盛水器与吮水具组合使用、搭配而为的二元结构新型水滴器（图2-67）。再次是对唐"水注"注盖与注体二元结构的造型进行了一元化的改进与完善，形成了二合一，避免了器盖在使用中的掉落与损坏，烧造成有其形而无其口，器盖一体的连体造型。同时也一改传统的横置龟卧器形，名副其实，使其更加亭亭玉立、端庄秀美，也可谓是认祖归宗、滴门新秀了（图2-68）。还有是经济发展，市场繁荣，文化亲民，生活情调化日渐浓重，使得世俗化、生活味成为水具造型的重要趋势。尤其是以各色人物为主体造型器物的出现，使得水具更加亲近生

图 2-67　顽猴连珠纹"书香门第"款吮水滴（宋）

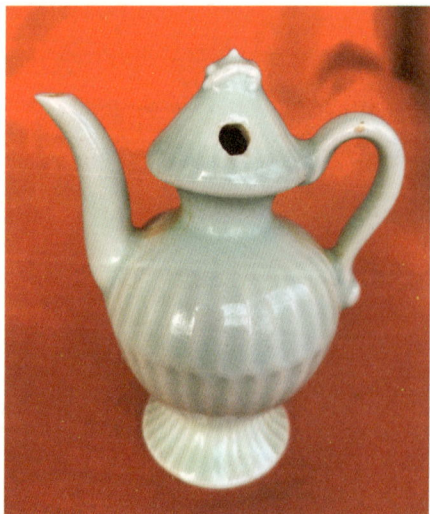

图 2-68　影青釉注子形水滴（宋）

图 2-69　白釉童子爱鹅水滴（宋）

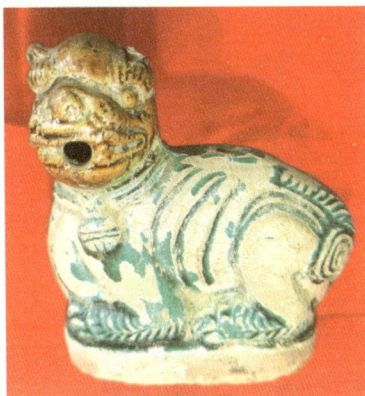

图2-70　珐华雄狮形水滴
（耳残、脱釉、元）

图2-71　青花家仆进宝水滴
（元晚明早）

活，相伴身边，甚似家宅一员，更像书童左右。（图2-69）

成吉思汗建立的元朝，是一个横跨欧亚，雄居东方名副其实的超级大国。其间烧造的文房器，既有蒙元民族的大气与豪放，又有蒙汉融合的多元与秀雅，成就斐然。首先最大的亮点是"元青花"器的创烧。其次是在创烧元青花、釉里红，"枢府瓷"的同时，还烧造了各种单色釉及珐华器，从而使文房器更加亮丽多彩（图2-70）。再次是打破了花鸟鱼虫、人畜禽兽一统天下的自然题材，反映社会意识形态的作品出现在水具中。即在社会求稳、朝廷求统、民众盼安、文化续儒的大环境下，用忠孝臣服与新彩创艺的有机结合，烧造出了多元思想与特定文化为一体的生活题材器物。如一枚白釉折技菊青花人物"家仆进宝"水滴，其造型反映的是一家仆单腿跪地、双手捧举元宝进献于主公的情景，生动传神，精巧可爱。（图2-71）

明清两代，由于文化复兴，书追唐宋，名人名作辈出；教育发展，公私兴学，城乡需求兴旺；商贸繁荣，坊铺林立，账房生意常忙，使文房及水具业呈现出兴旺发达之势。品多量大，形色各异，可谓雅俗共赏。尽管水具在器型构造上虽

图2-72 白釉黑彩童子戏鱼水注
（明清）

图2-73 粉彩人物行旅小憩水盂（清）

无大的易变和创新，但细器工艺精湛，粗货随意夸张，就美学意义而言，均有不俗的表现。其特点：一是传统文化题材继往开来，复古思潮通贯明清。如"多子多福""瓜迭绵绵""蟾宫折桂""鱼跃龙门""蝉联门荫""辈辈封侯""勤耕苦读""耕读传家"等（图2-72）。二是门类齐全，人间百态，世界万物，种类庞杂，无物不塑。细路货，精工细作，巧夺天工；粗俗品，随手一捏，形神皆备（图2-73）。三是引入制瓷工艺的新技法、新工艺、新材料、新品类。如斗彩、五彩、粉彩、珐琅彩、铜红釉等，使得文房水具更加五彩斑斓、惊艳夺目（图2-74）。四是明清两代各具特色，均有佳器。如明代，因制铜业发达而兴的复古铜器，大器微制，活灵活现，复古中有创意，新作中尽古意（图2-75）；而清代官窑器则更是水具史上大美之器，精工绝技，匠心独具。彩塑器中规中矩，惟妙惟肖；雕琢器，巧夺天工，活灵活现。（图2-76）

图 2-74　斗彩缠枝花卉扳沿洗（清）

图 2-75　辟邪铜水滴（明）

图 2-76　珐琅彩水盂（清）

图 2-77　粉彩蚱蜢花草纹水盂
（民国）

　　民国时期的文房水具，虽然只是收官之作，夕阳晚照，但仍不乏亮点：其一是水具题材多见于市井人物、花蟾草虫，尤见人物、蟾器为多，更亲近生活（图2-77）。其二是整体成型工艺的应用，使人物、动物、植物、器物的神态越发显得生动传神、栩栩如生（图2-78）。其三是政治题材的水具首现，反映了民不聊生、群情激奋的国政民情。（图2-79）

图 2-78 粉彩童子献寿水滴（民国）

图 2-79 瓠胎回纹刻花"共和统一"水盂（民国）

图2-80 网纹兽首衔环三足洗（西晋） 图2-81 土黄釉鼠戏双池镗锣洗（唐）

有关洗的易变主要有三次。如前所说，洗大约出现于战国，兴盛于秦汉之际。其器型一种是效仿于商周盥洗器的造型，为敞口附耳、直腹、平底（或圆底）。另一种是敞口折沿，斜腹下收，辅首衔环平底，偶有纹饰。时至魏晋之时，洗的造型首次生变，也是文洗的成型定制之变。有可能是由于当时的人们席地而坐，洗置地面使用起来多有不便，还有古人对平置的洗具观感不佳等原因，在洗的底部增设了兽足，并在器物上施以人、神、佛、兽等贴塑或各种纹饰。以此即抬高了洗具的位置，又增加了视觉美感。不但使用起来方便舒适，而且也更显美观大气、神秘雅致。从此其器口微敛下腹圆收或折沿、直腹、平底，整器扁平秀雅的基本形态再无大的变化（图2-80）。第二次的变化，是进入唐宋之后。由于高腿桌椅的使用，以及人们生活习惯上的变化，洗又一次因坐姿的变换而发生了改变。即在高支足洗继续流行的同时，出现了敞口圈足的镗锣洗（图2-81）。此外，唐宋的洗在造型工艺及花色品种上也都进一步得到了发展，显得更加丰富多彩。如底足出现了支足、饼足、盘式大圈足、碗样小圈足，还有盆底式平足等多种足型并存。造型上有树叶洗、荷叶洗、海棠洗、莲瓣洗、

铛锣洗、梅花洗、鼓钉洗、双鱼洗等。在
工艺门类上，除了定、汝、官、哥、均五
大名窑外，还有磁州窑的白釉黑彩、耀州
窑的青釉刻花、湖田窑的影青印花、南北
同兴的油滴等工艺，几乎全国的窑口都有
烧造，异彩纷呈，应有尽有，集中反映了
人文社会的世俗风情（图2-82）。第三次
的变化，主要是发生在明清之后。不知是
出于避免洗涤笔具时池水外溢的需求，还
是受社会趋向、时代情趣、文化审美的影
响，或是由于工匠的好恶、工艺发展的影
响，从此洗口内敛，鼓腹圈足一直沿用至
今。（图2-83）

水勺之变，主要是由于"螺墨"问
世，型墨主研后的研墨之需，初借"药
勺"，而后经改良优化，勺首变浅，终成
勺首圆底如钵似碗，形同耳杯，首后出
柄，柄尾施以花鸟纹饰。文房之勺的易变
仅此一次，后世再未有大的变化，只是在
装饰工艺上有所不同而已（图2-84）。秦
汉之前，和墨时可能就是以盂汲水，一器
两用，汲注同具。或者是同名两器，大小
不同，大者盛储，小则舀注。后世这种
以小盂舀注的方式仍很流行，也许只是
为了汲水之便，在小盂的器口上加装了
一条提梁，形如瓷蓝。使用时以细绳系于

图2-82　白釉黑彩双蟾戏莲荷叶洗（宋）

图2-83　均窑月白釉敛口圈足洗（清）

图2-84　錾花葵口碗蝙蝠尾饰铜水勺（明）

提梁上，方可汲水注砚。或许是怕弄湿了锦衣袖口，也有可能是出于方便持拿把控。总之反映的是一种时代风雅与文人情调（图2-85）。进入东汉之后，由于"型墨"的问世及研墨方式的更新，以水盂注水，其量自然不易精准掌控，水勺应运而生，也是情理之中的事。故已先足于药铺的微量小勺，后被药堂先生或文坛药客顺势而为，借此在文房中发展开来。从此，两千年来一制而为，才会有唐黎逢在《石砚赋》中的"君无谓一勺之水取其净"之叹。有关勺具的史料比较少见，直到明清时，随着文化的复兴之风再起，才见勺具逐渐兴盛。并制作得精致柔美，小巧典雅。今之所见，王宫贵族之具金施玉琢、材贵艺绝、精巧绝伦。民间勺具多为铜制木作，其装饰工艺则多在柄尾，普遍以龙鹤鸟兽、花卉云芝为题材，其中龙首勺居多。反映出鱼跃龙门、成龙变凤等中国的传统文化情节（图2-86）。此外，还有桃形，或者说是心形首的、彩蝶首、蝙蝠首、梅花首、凤纹首的。勺柄则有方杆的、圆杆的、竹节杆的。勺首小碗也颇费工夫，很有创意。尽管发挥空间有限，但也是细微之处见功夫，匠心独具。除了圆口、椭圆口之外，还有梅花口、海棠口、桃形口等异形口的。器型上有浅腹碗、深腹碗，并有的还在小碗内錾刻有各种吉祥纹饰，如"蝶恋花""蝠（福）在眼前"等花草禽鸟图案，栩栩如生。小勺虽不足方寸，但做得非常精细雅致、小巧可人。反映的是工匠的高超技艺和深厚的文化素养，以及往日社会的百工生计、历史文化的士子风情、文昌艺兴的繁盛景色。（图2-87）

图 2-85　白釉点彩贴花绳纹提梁水盂（隋唐）

图 2-86　碗首龙形尾饰铜勺（清）

图 2-87　錾花浅腹树叶口碗如意尾饰水勺（清）

（三）千姿百态兴雅俗，精工绝技塑珍奇

说到文房水具的造型与题材，可谓是千俗百媚，无所不在。可谓一枚小器天下爱，世态万物无不在，国宝珍藏宫中有，庶舍鼠兔商家财。世人常见的器物造型有飞禽走兽，虫蛇龟贝（图2-88）。云瀑山石，花草果蔬（图2-89）。城舍楼台，路桥车船（图2-90）。道释高士，官商仆卒（图2-91）。钟鼎彝器，生活用玩（图2-92），真是天上飞禽，地上走兽，各式人物，世间万物，无奇不有，巧奇天工。

图 2-88　青瓷蛤蚌形水滴（宋）

图 2-89　三彩佛手仿生瓷水盂（清）

图 2-90 黑釉城台形（笔插）水盂（晚清民国）

图 2-91 白釉蓝彩道教人物水盂
（明）

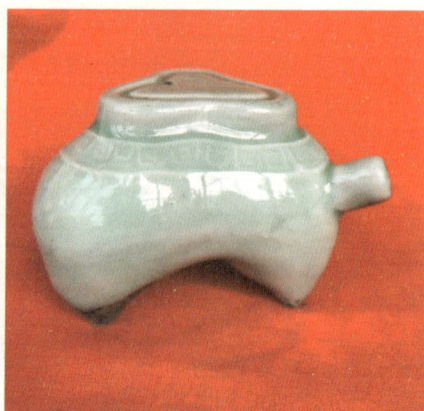

图 2-92 粉青釉袋足盉形水滴
（明清）

"阳春白雪"与"下里巴人"同在，一双摩手应变天下士庶。在文房水具的家族中，既有唐风晋韵的官室器、宋元两代的官作器、明清皇族的官窑器（图2-93），又能看到权臣贵族的豪奢器、巨商大贾的"铜臭"器、殷实富户的民俗器、账房先生的谋生器、柴门瓦舍的贫贱器（图2-94），也能偶遇写经器、陪葬器（图2-95）。但最具特色，最有内涵的还是文人士卿的清雅器、说经论典的文化器。可谓是各色水具呈现出大千世界、人间百态。一件小器凝聚着千般宠爱、万丈情怀。（图2-96）

图2-93　越窑飞凤纹立鸟水注
（晚唐—宋）

图2-94　黑釉墩兽双钱纹（笔插）
供桌形水盂（兽头残、晚清民国）

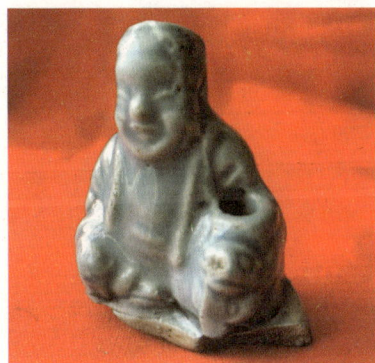

图2-95　灰青釉佛道人物（笔插）
水盂（明清）

图2-96　绿釉开光诗文鱼藻纹水
盂（清）

水具中一器几功，兼容并蓄的多用具，最初出现于唐宋，盛行于晚清民国（图2-97）。反映的是使用者的求异履新、器纳众巧的心态。也彰显了窑坊匠人的奇思妙想，展示技艺、拓展经营的诉求。常见的有丞、滴两便，灯、丞一品，镇、滴一物，砚、丞一体的。也有如笔架、水丞、花插兼容的，有水丞、砚滴、笔扦三用的，有水盂、砚屏、笔格多用的，有山石、动物、水丞成景的，还有像水丞与人物或瑞兽、花鸟鱼虫、佛道故事同器的等，不胜枚举。明人屠隆在《文具雅编·水注》中说道："有笔格贮水者"，"有驼壶可格笔"等多用组合式文房水具的存世。（图2-98）

图2-97 黄釉卧鹿（笔架）形水滴（唐）

图 2-98　酱釉鸣鸭三用水注（清）

尤为动人的是一件"双瓶联体"水丞，显得素雅端庄，一器两用，十分精巧。早在新石器时代仰韶时期，就有双联瓶彩陶壶的出土①，但不可思议的是这一工艺竟被五千年后的近代人所采纳继承，用在了文房水具的制作中。这件"对瓶联体"水丞，为心形唇口，整体施黑釉。瓶体为前后式联体设置，主体纹饰为各印塑一朵盛开的折枝莲花。工匠为使小瓶在书案上摆放的稳固，不致倒覆，特地把它打造成双瓶错开半幅相连的造型，内胆相通，双腹一体。一口插花，同时也不妨碍另一口的汲水注砚，真可谓独具匠心，器简而工妙，届时必定是文案上的一道风景。从整体的心形造型及莲花图案来看，也有"心平气静，儒雅高洁"之寓意，其自古

---

① 冯先铭：《中国陶瓷（修订本）》，上海古籍出版社，2001，第93页。

图 2-99　黑釉折枝莲花双连瓶水盂（晚清民国）

就是读书人的必备品德和做学问的基本素养所在，它告诉那些作书求学之人，一是要静下心来做文章，两耳不闻窗外事，远离红尘浮华世，一心苦读圣贤书。二是要以德载物，以静养心，平心静气，清雅高洁。三国时的蜀汉名臣诸葛亮在他的《诫子书》中就曾告诫子孙："夫君子之行，静以修身，俭以养德。""非淡泊无以明志，非宁静无以致远。"这件水具虽然清淡素雅，其貌不扬，但寓意深邃。必定是一位远离尘世、淡泊明志的高士之爱。（图2-99）

三

文化蕴涵与经典

文房水具，器虽四种，其貌不扬，但经历千百年来的修炼之后，展现的千姿百态，洋洋大观，真可谓是世界万物的雕塑群、社会生活的大观园、文化历史的风情卷，几乎件件是浓缩的经典，器器与古训圣言对应而立。尤以其中几种常见的典型器物造型最为精彩。其丰富的历史蕴涵也是通贯古今、寓意深邃。它们历久而弥新，经久而不衰，均以科举入仕而殊途同兴，终因诸器之根，深潜于中华文化的沃土文壤之中，而繁盛了两千多年。

（一）虾蟆戏水尽文采，蟾宫折桂举大才

说到水具的文化蕴涵，理应首推文房水具中的蟾蜍器。蟾，俗称癞蛤蟆。虾蟆之虫，与蛙同类，与水伴生。《国语·越语下》中说："昔我先君固周室之不成子也。故滨于东海之陂，鼋龟鱼鳖之与处，而蛙黾之与同渚。"《注》："蛙黾，虾蟆也。""蛙纹"最早出现在原始自然崇拜时代马家窑文化的陶器上，由于水源是人类生存的第一需求，故上古先民择水而居，蛙鸣蟾跳也自然是我们祖先最熟悉、最亲近的动物形象，故古人的这种原始崇拜自然而然地首先出现在了他们的生活器上。也正是因为原始人类与蟾共舞、与蛙同眠的生活特性，蛙纹才会在五六千年前，成为马家

图 3-1　马家窑陶器蛙纹
（新石器时代）

窑先民描绘与表现的图文。当然也有巫祈天佑，水丰食旺和多生快产、族群繁茂等自然崇拜的意义。这是中华文明的滥觞初现，也是蟾蜍蛙虫第一次走进祖先的精神家园及原始审美的视野，从此站上了历史的文化舞台（图3-1）。当人类进入文明社会之后，尽管驯化饲养的动物已经很多，但凡遇到与水相关的事物时，仍未放弃对蟾蛙之类的崇尚与颂扬。故再一次出现在三千年前的青铜器皿上。可能与两种因素有关：其一，水仍然是人类生存的重要物质条件，上古的原始信仰和精神崇拜依然盛行。所以，蟾蛙纹饰常出现在用以盛水或盛用羹汤的饮食器上，定与蛙类的生活特点与两栖特性有关。其二，进入文明社会之后，传宗接代、香火延续、家族繁盛、地旺门兴可以说是每一个家庭的基本信条与诉求，更是历代君王贵族的第一要务。即使一个平民百姓，也是"不孝有三，无后为大""多子多福""儿孙满堂"。而蛙蟾之属恰是卵生繁衍，占一孕多子之优，有家族旺盛、人才辈出寓意，故将蟾蛙之像再次赋予了中华文化的图腾，成为家国繁茂的象征，人杰门兴之经典。（图3-2）①

----

① 马承源：《中国青铜器》，上海文物出版社，1988，第108页。

蟾蛙之像的第三次腾越，可以说是最为惊世骇俗的辉煌之跳，反响深远。这一跳，不但跳入了王治国策的政治圈，而且成为才学超群、幸运天成、一鸣惊人的代名词、致敬诗、赞颂歌。这要归功于源自汉魏之后的取士，全胜于隋唐之际的科举。科举是中国历史上最具人文和社会意义的大事情，可以说从此改变了国家的选官制度、朝臣结构，以至社会的价值趋向。所以，它的生命力极强，发展势头最旺，这一跃一直延续了两千多年，直到清代晚期才寿终正寝。科举的推行，实际是对官员遴选制度的一次意义深远的革新之举、政治之为。可谓牵一发而动全身，从而有效地改革了前弊，优化了朝臣，改善了吏治；同时也打通了才路，促进了公平，拓展了仕途。隋文帝杨坚统一全国后，深感察举制的时弊，决定改革吏治，治理朝政。故罢废九卿中正制，改行"诸州岁贡三人"设考选吏，即开科取士。隋炀帝时又置进士等科，入唐之后再次增科设目，多至五十有余，史称科举。旧时把科举应试得中，认为是"蟾宫折桂"，贵为天下之"一枝"。这一说辞，由"嫦娥奔月"的典故引起，初出《山海经·大荒西经》。《淮南子·精神》中讲："日中有

图 3-2　青铜器蟾蜍纹拓片（商周）

踆乌，而月中有蟾蜍。"又有南朝梁时人刘昭作注说："羿请无死之药于西王母，姮娥窃之以奔月……姮娥遂托身于月，是为蟾蜍。"于是便有《晋书·郤诜传》讲："郤诜举贤良对策列最优，自谓'犹桂林之一枝，崑山之片玉'。"后世也屡被喻为月亮的代称雅号，如"蟾宫""蟾兔""蟾光""蟾蜍""蟾桂"等，以反映古人的一往情深。因而，自古因金榜题名、科举及第，而诵月抒怀的诗词歌赋不绝于耳。如唐代李中《送黄秀才》中的："蟾宫须展志，渔艇莫牵心。"又如宋苏轼《八月十七日天竺山送桂花分赠元素》中的："鹫峰子落惊前夜，蟾窟枝空记昔年。"注："蟾窟枝空，言元素中甲科时也。"因科举所引发的这种特殊的文化现象的影响，以及由此而产生的社会轰动效应所至，古人为鼓励和倡导后人能勤奋苦读、金榜题名，故把文房水具做成蛙蟾造型，置于书案，以勉励子女亲朋。如此以往，随着时长日久，声名天下，市间坊俗也就干脆把水具以"玉蟾"呼来，"砚蟾"唤去，仿佛能听到南宋诗人陆游在《不睡》诗作中的一声吟诵："水冷砚蟾初薄冻，火残香鸭尚微烟。"（图3-3）

图3-3　黑釉背背（辈辈）双蟾水滴
（金元）

（二）神龟主水五千载，独占鳌头登高台

龟鳖器的发展，可以说与蟾蛙之具是异曲同工、一脉相承，龟鳖之类也是一种两栖生物，在地球上已经生存了亿万年，与人类相伴相随，因沾近水之优而进入文房。但比起蟾蜍来，具有更深厚的文化内涵。在传统文化及"五行"思想中，龟称玄武，代表北方，主黑，主水，是"四灵"之一，被古人尊为水神。故以龟器盛水，也实至名归，理所当然。龟文化的发展历史久远，大体经历了三个不同的文化过程。

一是龟文化的传说期，可谓"天龟"。早在上古时期，巫觋酋长就以龟甲做法，祈求天地神灵，决定吉凶顺逆。有关的传说首现于上古人文始祖的"三皇五帝"时期，这就是有关"河出图，洛出书"的典故。《尚书·洪范九畴》中称，大禹治水时，"天兴禹，洛出书，神龟负文而出，列于背，有数至于九。禹遂因而第之，以成九类常道"。可见此处的龟既是天书的传送使，又是上帝的颁旨官，背负的是上天的旨意、百姓的吉祥。当然，这里所说的龟并非生物学意义上的分类与物种，而是泛指龟、鳖、鼋、鳌等龟属之类。如传统文化中的鳌，就被古人奉为龙生九子之一，俗称为"龙头龟"，其实在实际生活中并没有这样的物种。故自古既有海中大龟之说，也有深水巨鳌之释。如《礼记·月今》季夏之月时说："命渔师伐蛟、取鼍、登龟、取鼋。"唐朝大诗人李白在《猛虎行》中也曾吟诵："巨鳌未斩海水动，鱼龙奔走安得宁？"看来古代对龟甲之类并没有一个确切的称谓，只是类称代名。在今天看来，如果没有当初的龙生九子、神灵异兽，哪会有后世的"魁星点斗""独占鳌头"这样文化味十足、优美上口的文辞呢？（图3-4）

图 3-4 龟甲纹（现代）

图 3-5 龟甲纹（商）

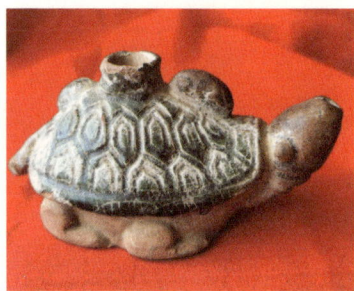

图 3-6 汉绿釉龟滴

二是龟文化的通神主水期，可谓"神龟"。既进入青铜时代之后，作为上古人类的神灵崇拜，龟的形象首次出现在青铜礼器上。最早的龟纹发现于二里冈时期兽纹罍的颈部，龟作俯视式，龟的背部是火纹图案。后在商末周初的青铜盘心内也见有龟纹作为装饰，直至春秋晚期的鱼龙纹盘侧面仍有龟纹作为图案①（图3-5）。尤以商代的甲骨文最为经典，其载体莫过于商人刻在龟甲上的卜辞。这是三代先人以龟通神最直接的实物证据。此时的龟符已经不仅仅是"神龟"，而且也是"文龟"了，可谓既是祭天通神之甲，又是负文出世之龟。从此，使千年的龟文明进入了文事层面。但龟的主体形象，则是到了西汉才得以出现，并进入了文房，与水具结缘。图3-6是一件以龟为造型的，汉绿釉水滴器。该器体长13.7厘米，腹径宽7.1厘米，器高6.7厘米，为红色陶胎，周身饰绿釉，龟首黄釉，腹底无釉。水龟气宇轩昂，霸气十足，昂首而行，彰显出大汉气度。魏晋文学家傅玄，就曾为家藏的"龟滴"作《水龟铭》赞道："铸兹灵龟，体象自然。含出原水，有似清泉。润彼玄墨，染此柔

① 马承源：《中国青铜器》，上海文物出版社，1988，第330页。

翰。申情写意，经纬群言。"足见之宠爱，可感其文情，更可深嗅到魏晋社会的文昌书兴、水具昌盛的世风国情。

三是龟文化的人文经典文化期，可谓"文龟"，即以开科取士为代表的隋唐之后。"独占鳌头"是因科举而脍炙人口的一句千古经典。从而使文房龟鳌器以其厚重的文化内涵，登上了一个历史高点，成为科举时代对状元及第者无以复加的赞美之词。正是因为开科取士，状元及第所打开的命运之门、腾达之路，在中国延展昌盛了上千年，才使文房龟鳌器常兴不衰，成为世代举子的魂牵梦绕、百工玩家的不竭创意。并被奉为人生的"四大兴事"之一："久旱逢甘霖，他乡遇故知，洞房花烛夜，金榜题名时。"就连大宋皇帝都感叹不已，戏称"书中自有千钟粟""书中自有颜如玉""书中自有黄金屋"。真是国风民情举子情，人生"四兴"在其中，一魁一龟一片天，绝技爱煞多少人。（图3-7）

（三）黄卷青灯苦修行，魁星点斗鱼化龙

与科举相生相兴的还有一器，就是"鱼化龙"水具。鱼是水中生物，一介鱼虫，刚柔相济，不敌它物，但生性倔强，无论顺水，还是逆流，都一往无前，从不退缩。该器物名出自"鲤鱼跳龙门"的典故，也是兴极千年而不衰，走红百代色更浓。卢挚《沉醉东风·秋景挂绝壁》中讲："脱布衣，披罗绶，跳龙门独占鳌头。"所谓龙门，就是指科举试场的正门。如《红楼梦》十九回中所说的："我们两人一起去交了卷子，一同出来，在龙门口一挤就不见了。""鱼跃龙门"的成语典故词源深远，早在汉代时就有一种角抵戏术叫"鱼龙漫衍"。《汉书·西域传赞》中讲："作《巴俞》都卢、海中砀极、漫衍鱼龙、角抵之戏以观视之。"直到

图 3-7　黄釉鳌头独占水滴（清）

唐朝，京城长安等地还盛行鱼龙漫衍等角抵之戏，时称"鱼龙杂戏"。唐陈子昂《洛城观酺应制》中就讲道："云凤休征满，鱼龙杂戏来。"张说在《侍宴隆庆池应制》中也吟诵说："鱼龙百戏纷容与，凫鹥双舟较溯洄。"关于"鱼跃龙门"的史料，古籍也确有记载。龙门是位于陕西韩城与山西河津间，黄河中段的一座山名。《禹贡》曾讲："道河积石，至于龙门。"《艺文类聚·三秦记》也讲："河津一名龙门。大鱼积龙门数千不得上，上者为龙，不上者（鱼），故云曝鳃龙门。"可见科试中举是何等的不易，金榜题名者只能是凤毛麟角。故以"鱼跃龙门"来称颂中榜举子，激励后世学人。（图3-8）

图3-8 唐三彩蓝釉鱼化龙水滴（唐）

（四）蝉鸣嘹叫三千年，宗荫门杰有吉言

蝉，又名蜘蟟。幼虫时潜于土中，自化二年成虫。雄蝉翅后有发音器，交尾即死；雌虫产卵后亦死，生命不过二三周。蝉虫虽小，不甚起眼，但它的叫声却声名远扬，鸣噪千年而不绝。其鸣叫方式与众不同，叫声响亮，持续不断，酣畅刺耳。也不知在何时何地触动了哪个文士客卿敏感的神经，而感慨于宗荫门兴；或为取悦高官权贵，保全仕途恒通的溜须而为，故以鸣虫为媒，

戏作"蝉联"。"蝉联"现象始于奴隶制国家的建立。先有夏启继禹，而后父死子续，兄终弟接，世代承袭。后有文王灭商，武王分封，家国天下，周公入礼。从此，王族公卿，世袭往替，子孙荫爵。从而形成了以等级制为核心的国家体制，即所谓的"周礼"。之后，这一制度一直延续了三千年之久，最终随着清王朝的灭亡而消亡。历史上的这种荫庇现象，蝉联之声千年不绝，如汉代大儒扬雄在《反离骚》中有言说道："有周氏之蝉嫣兮，或鼻祖于汾隅。"如《晋书·范弘之传》上说："（谢）石阶藉门荫，屡登崇显，总司百揆，翼赞三代。"《隋书·柳述传》中说："少以父荫为太子亲卫。"《新唐书·杜兼传》附杜羔中也说："子，中玄，字无为，以门荫，历太子通事舍人。"还有如显赫一时的琅邪王氏王筠在《梁书》论家世集中提到，三朝重臣沈约曾不无遗憾地说过："吾少好百家之言，身为四代之史，自开辟以来，未有爵位蝉联，文才相继，如王氏之盛者也。"在漫长的封建社会里，皇亲国戚、达官显贵独享资源，曾几何时，也不知引起多少人的仰慕与追求，必定是当时社会一道亮丽的风景和关注的焦点，进而也赢得封建文人们的诗诵歌颂，吉言"蝉联"，反映的是几千年来世人以蝉喻世、以鸣恭维、以情达意、以誉抒怀的心中向往和喻世吉言。此外，商周战汉更以"世代享""永保用"等吉语箴言铸刻于青铜礼器上，后世考古也屡有出土。一语成谶者最典型的诠释，无右于战汉葬制陪葬器中的"口含"了，其中的"玉蝉"因此而独领风骚上千年。还有以鸣呈祥者，如商周礼器和后世历代的瓷器及漆木玉器等各种传统器物上的蝉纹图案，也是几千年来屡绘常新（图3-9）[1]

---

[1] 马承源：《中国青铜器》，上海文物出版社，1988，第346页。

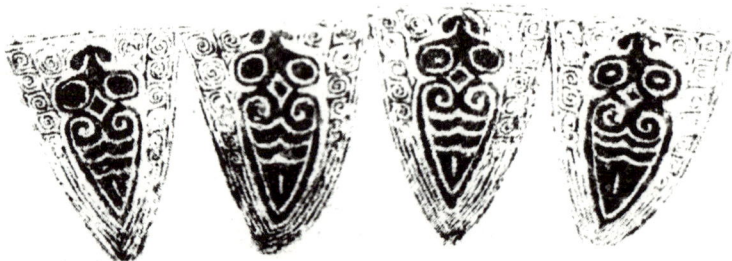

图 3-9　青铜器蝉纹（青铜时代）

　　"蝉联"一语双含、一词两表，可谓前世宗荫，世袭永续；后者门杰，魁连三元。历史进入秦汉之后官员的任用与选拔，破世袭，而兴荐举，时称"举孝廉"。尤其是隋唐之后，国家官吏的遴选，又从"荐举"改为"科举"。至此，一些百姓黎庶的子弟也可以自己的奋发努力，通过拜师学经、寒窗苦读，经科举而取仕途，成为人上之人。可谓是一朝举皇榜，百年荣光第。学而优则仕的导向效应激发了一代又一代的寒门学子，跳龙门，蹬鳌头，鱼贯而跃，从而形成了耕读传家、族群临朝、地旺门杰的社会风气。历史上就曾涌现过不少的一门多状元、几代有柱国、父子双宰辅、兄弟两进士的名门望族。如六朝时期的王、谢，隋唐的裴氏，宋代的苏氏等不胜枚举。这种让世人敬仰的社会现象，被认为是祖宗阴德，将门虎子，门荫之兴，如蝉联鸣。故有"马上封侯""辈辈封侯"之器。如在科举考试中的乡试、会试、殿试中均取第一，即解元、会元、状元的获得者，史称连中三元。明代时把殿试的前三名也称作三元。又有"金榜题名""蟾宫折桂"之誉。总之，都是人人仰慕、史籍有载、家族荣耀之事。蝉联成语，蝉鸣入典，

图3-10　孔雀蓝釉鸣蝉水盂（明）

蝉事入史，蝉话言吉。它代表的是深厚的华夏文化，反映的是浓厚的人文情怀，承载的是科举的历史贡献，蕴含的是水具的文化品位，表现的是文房器具的多姿多彩。直到今天，蝉联仍以赞誉运动健儿、体育翘楚等。此时的"蝉联"者，也不知是何等的幸运与荣耀，就连其家人和国民也都会因此而兴奋与激动不已。（图3-10）

（五）器是儒训座右铭，寓意常在经典中

纵观文房水具的史记今藏，风貌特色，无论是官作民烧，还是古制后仿，大多都以传统思想为背景，用圣言典故作题材，可谓古今一韵，千年不衰。可以说，每件水具都堪称是凝固的经典、

活着的圣贤、人生的箴言，无不是儒家思想蕴含其间，常常会使我们有观器如读典，面圣而问道的感觉。一枚水具就是一尊活灵活现的圣贤传道图，件件文房都似振聋发聩的名言警句篇。除了如前所说的"蟾宫折桂""独占鳌头""鱼跃龙门""世袭""蝉联"等外，还有如"马上封侯"器，喻一日科举及第，便能一步登天，取仕途，入翰林，平步青云，荣华富贵（图3-11）。"辈辈封侯"器，寓意诗书传家，世代为官，一门几进士，祖孙侍君王，辈辈宰辅第，百年荣禄府（图3-12）。"刘海戏蟾"器，寓意鸿运当头、财运亨通、金钱万贯、富贵人生（图3-13）。"童子""婴戏"器，寓意儿孙满堂、门昌府荣（图3-14）。"羲子爱鹅"器，寓意终身

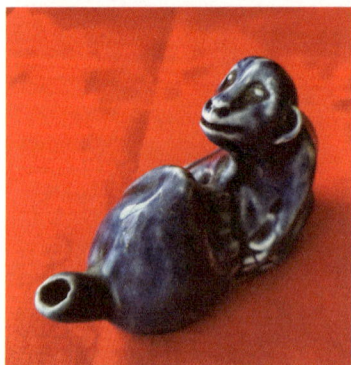

图3-11　蓝釉顽猴捧桃水滴（清）

图3-12　白釉桃枝群猴水注（民国）

图3-13　蓝釉刘海戏蟾纹鞋形水盂
（明清）

图3-14　白釉黑彩童子红鲤对滴
（清）

图3-15　羲子爱鹅紫砂水滴
（晚清民国）

书事，临池苦学，成名成家，耀祖光宗（**图3-15**）。"舟楫车舆"
器，寓意书山有路勤为径，学海无涯苦作舟（**图3-16**）。瓶罐莲竹
器，寓意心平气静，清雅高洁，修身养性，一心经学（**图3-17**）。
"鞋履""山石"器，既有加官晋爵、屡受提携之为，也有脚踏实
地、勤奋苦读之意，还有读万卷书、行万里路之说（**图3-18**）。水
具中以"牛"为题材的器物也很多。牛是农耕文明的一个标志，
也是寻常百姓家中的重要生产资料、财富的象征。既受君王官府
所关注，又深受民间百姓所喜爱。在中国的古代社会中以"书"
为田，以"笔"为耕，以牛喻人的文字也不少。比如将砚台称
"砚田"，把行书作"笔耕"等都屡见不鲜。南宋戴复古在《寄玉
溪林逢吉》中就有："以文为业砚为田。"还有清蒋超伯在《南漘
楛语·砚》中也不无幽默地讲："近得一砚，上有（伊秉绶）先生
铭云：'惟砚作田，咸歌乐岁，墨稼有秋，笔耕无税。'"牛形器

是文具中的常青树，常见的如牛形砚、牛形墨、牛镇纸、牛笔架、牛水滴、牛水丞，更是屡见不鲜。可谓是勤奋好学的坐标、以砚为田的经典。以器释典，器生典中，以具铭志，俱出儒训。千百年来，中华文化即是文房水具的不竭源泉，也是其取材立意的基本题材，款款文润，件件成典。可以说文房水具千万种，儒家思想映其中，一枚水器座右铭，圣贤教化育后生。（图3-19）

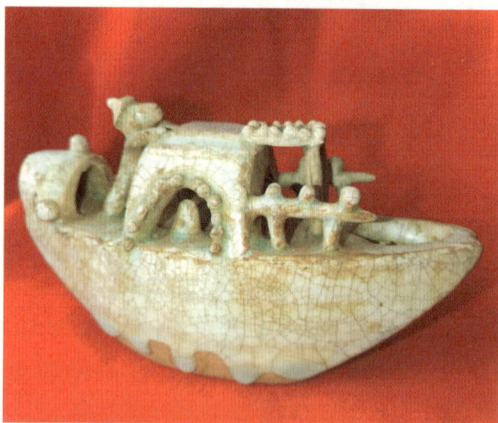

图3-16　青白釉人物行船水滴
（宋元）

图3-17　黑釉双连瓶水盂
（晚清民国）

图3-18　三彩开光二龙戏珠团寿
纹鞋形水盂（明）

图3-19　奋蹄及跃卧牛形铜水滴
（清）

四
国塑器仿与文辞

追寻文房水具的历史流变与演进过程，就像打开民族发展的史记、中华文化的画卷、先贤文圣的宝典，满眼都是能工巧匠的智慧、民族手艺的集锦、人文一脉的情怀。纵观其貌，水具的基本特点和鲜明印记有以下几点：一是以儒学思想为主题的传统性，以中华文化作经脉的民俗情；二是历朝一系、世代一器、前物后仿的传承工；三是官造民烧、宫藏民珍的国宝情。真是文房水具传千代，一具点亮民族爱，千般造化尽文胎，史塑宫藏载国脉。

（一）小物大器称国宝，水具精塑国史考

　　解读文房水具的朝谱代系，观摩古今文房的史貌风情，就如同一部凝固的国典、雕塑的史话，承载着中华民族的厚重与博大，一气呵成，伴随着炎黄文化的脉动娓娓道来。中华文明自从盘古开天地，三皇五帝到如今，绵延五千余年，一路走来潮起潮落，王朝更迭，皇宫异主，国宝流变，但不变的只有两样圣物。除了炎黄的血脉之外，就是其独有的，世代传续、生生不息的文化根基了。只要走进文房水具的一脉流变进程，就像打开了中华文明

的发展大幕，可谓中华民族有多少年的文明，水墨器具就有多少代的流行。纵观其貌，水具的发展大约经历了九个不同时期的起复变迁。

1. 水具承接上古，首开于新石器时代，为精陶初制的原始期

那时人类的书画研墨、制彩取水，主要是以陶制生活器为具。如新石器早期河北武安的磁山文化陶盂、磁山陶盘，浙江余姚的河姆渡文化的陶杯，郑州大河村的仰韶文化陶盂，山东泰安的大汶口文化陶鬶、大汶口陶杯，河南瓦店的龙山文化陶觚、瓦店陶盂，河南偃师二里头早期的陶盂、二里头陶觚。最具典型意义的是20世纪70年代中期在陕西临潼河北岸，姜寨遗址出土旳一套书画器具中的敞口收腹尖底陶杯，早在六千年前就把陶制盛水器同书画结缘的史实呈现在人们的面前。（图4-1）

2. 夏、商、周的青铜文化时代，是饮、书同器的文房水具孕育期

有文就有书，有书必有具，"三代"时的书写与绘画，主要是以青铜器或原始青瓷及陶制生活器皿为盛水用具。其历史文化支撑主要有三个：

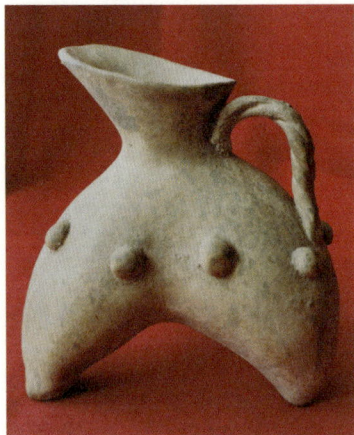

图4-1　大汶口文化白陶鬶
（9厘米 ×8.4厘米 ×10厘米）

其一，是文字的成熟。甲骨文、金文相继出现，典载器铭、国学官教、口耳相传已屡见不鲜。反映出文字的使用已经十分广泛，普遍进入了宫廷官府的管理、皇亲国戚的日常生活之中，并且在宫廷和官府中设置有专门的文治机构和文藏官学，相关的职位和官吏也都应运而生。如在殷墟考古中出现的甲骨库藏，及甲骨文中的"聿""册""典"等殷商文字。又如春秋的李耳就曾经是周王室的"柱下史"，还有周宣王时期的太史籀也十分知名。因太史籀书写的一笔好字，而被后世以其名命其书，史称"籀文"，从而也演变出一种书体来。

　　其二，是由于文字使用的广泛性和在国治家传中的日益重要性，及文字人才的供需紧迫性，贵族教育应运而生。当时的教化工作主要是以贵族子弟为对象，有现职官员为先生，设坛施教。翻开教育史，我国的教育起源也属比较早的国家之列。在现存的古籍中，早在4000年前就有有关夏代的学校制度及国家教化工作的明确记载。《礼记·王制》载："夏后氏养国老于东序，养庶老于西序。"《礼记·明堂位》又说："序，夏后氏之序也。"看来当时学校的主要功能，就相当于现代的职业教育。商代是一个文明程度已经很高、文化教育水平更为进步的时代。据《礼记·王制》载："殷人养国老于右学，养庶老于左学。"殷人重祭祀，崇礼乐，所以设"瞽宗"。并《礼记·明堂位》进一步说："瞽宗，殷学也。"看来商代的学校，除了养老和习射的庠、序之外，已经有了学习一般文化知识和专门进行思想道德教育的"学"，教化体系日渐完备。同时，在殷墟出土的甲骨文中已出现了如笔（聿）字、册字。西周初的佐国重臣周公也说："唯殷先人，有册有典。"西周社会是一个文明高度发达的时代，统治者对教育十分重视，并集前代之大成形成了一套已经比较完备的学教体系。其主要的教学内容：

国学为乐教、三德、三行、六艺、六仪、小舞等六科；乡学为六礼、七教、八政、乡三物等四科。

其三，是随着夏启一朝进入奴隶社会之后，受部族间经济利益的冲突和主从者政治矛盾的加剧，所引发的君国和族群间的征伐与战争刺激，及进入阶级社会之后，国家机器的加速运转和不断扩张，使得整个社会的经济、文化、生产力都有了巨大发展和长足进步，从而造就了空前的青铜文明，同时也产生了一个以王权为代表的奴隶主贵族阶层。他们的生活穷奢极欲、奢华无度，宫殿陈设、生活器具更是琼楼玉宇，金铜玉施，青铜器一时间成了王侯贵胄的新宠，而流行于天下。此外，还有统治者们对教育的专属享受和高度垄断，形成政教一体、官师合一的格局。教育和文字成为豪门贵族的独享资源，生成了一个建立于国家顶端的文化层级和知识集团。也正是这样，这些衣食无忧、锦几玉砚的文化人群才有机会、有条件把那些精美绝伦的精陶玉物、青铜美器置于几上，用作文具。也为之后的大器小作，如法炮制，经精工巧饰而放上几案提供了条件。（图4-2）

图4-2　青铜盉（西周早期）

3. 平王东迁后的春秋战国时代，为文房水具的分离独立过渡期

自从历史进入东周之后，由于各诸侯国经济的发展、生产力水平的不断提高，列国诸侯乘机做大，从此使中国历史进入纷繁复杂的春秋战国时代。五国争霸，七国称雄，王权不再，礼崩乐坏。但也正是周室的颓势、政治上的弱治为文化的发展腾出了空间，给文化的崛起提供了条件。因此，一时间有教无类，养士成风，学派蜂起，百家争鸣，从而形成了中国文化史上的又一个高峰。一举打破了"学在官府""官守学业"的文化垄断，实现了文化及教育的第一次解放。反映在社会形态上，一是有教无类，天下兴学，迅速聚集起一个庞大的学人阶层。二是公私争相养士，名士门学频现，士身门徒日贵，从而又形成了一个"学而优则仕"的士族群体。三是百家争鸣，九流蜂起，著书立说，开坛布道，进而也造就了春秋中晚期至战国的一个经学高地。四是时至战国，石鼓籀兴，行书有道，尊古出新，书精字妙渐成热市。再是受战争频起，书急草化等书繁文忙的大势所致，书写量倍增。五是书兴文达的繁荣势必会产生出一个文房器具的供求集群，即对水具需求的巨大市场。从而，推进了水具的发展、演变与独立成制。至此，怀胎千年的文房水具终成水到渠成，一朝分娩，呱呱坠地之势。无论是史籍的记载、考古的发现，还是后世的收藏都证实了这一史实。可称得上是中华水具第一滴的"玉蟾蜍"，首先出现在《西京杂记》的《广川王发古冢》一则中，使我们有幸看到了2600年前晋灵公的心爱之物——"玉书滴"。再就是20世纪80年代，在浙江"绍兴306号战国墓"考古中，发掘出土的"铜洗"和"玉耳金舟"及置于舟内的"小陶盂"。还有就是，在南京古玩市场出现的那件春秋战国时期的敞口短颈、折肩平底、绳纹耳装饰的原始青瓷小盂，可能就是第一代被小型化了的、独立成制的文

房水器。由于这一时期，处在文房水具从生活器中分离独立的过渡期，还存在用其他小型器物盛水的情况。如在"绍兴306号战国墓"出土的"玉耳金舟"就是一例。此"舟"精致典雅，小巧可爱，本属于杯爵之类，为盛羹饮酒器具。但此时被主人用来盛水和墨，也同样展示了主人的富有与风雅。尽管此时还未见到文勺的出现，但给砚注水时，已不是用盛水器直接倾倒，而是以小型化或微型化了的小盂舀水注砚。（图4-3）

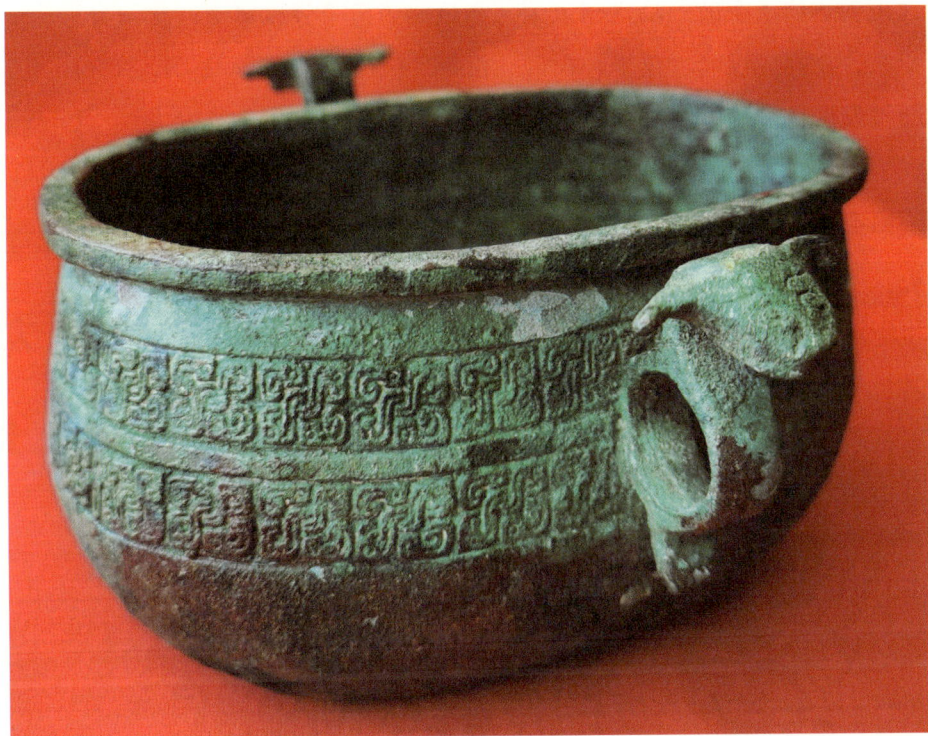

图4-3 蟠螭纹双兽耳青铜舟（战国早期）
（12.1厘米×14.2厘米×6.5厘米）

4. 秦汉统一后的四百年，为文房水具独立成型、专属定制的完臻期

进入汉代之后，由于国家的统一、战乱的平息从而为经济的发展、国力的增强提供了必要条件。尤其是汉初的统治者吸取秦朝二世而亡的教训，施行黄老的无为政治，对内实行"与民休养生息"的政策，对外采取"和亲保境"的策略，为汉朝的兴旺发达奠定了基础。到文帝、景帝时又倡导以农桑为本，进一步推行"轻徭薄赋"，鼓励农耕，进一步解放民力，从而使农业和手工业生产迅速得到了恢复和发展，开创了"文景之治"的繁荣局面。经过汉初70年的休养生息，到汉武帝在位的53年间，西汉封建王朝达到了空前的昌盛与繁荣，经济实力已十分雄厚。近几十年来，汉画、汉简、汉墨、汉砚、汉笔、汉纸及汉滴、汉盂等不断被发现，表现不俗。西汉无论在政治思想，还是文化艺术上都成就斐然，特别是在科学技术方面，百工技艺及文房器具上都呈现出空前的繁荣。经过西汉二百余年的发展与沉积，进入东汉后，更是厚积薄发。可以说，东汉是一个思想文化和科学技术成就的集中爆发期和收获季，可谓硕果累累。如历史上的两汉经学，尤其是东汉经学，先后产生了贾逵、马融、许慎、郑玄等四大经学家，尤以郑玄为最，可以说是两汉经学的集大成者。繁荣的经济、发达的文化、思变的智者、技高睿智的工匠，最终引发了诸多科学技术与生产工艺的创新和发展。如木圣张衡的浑天仪、地动仪，医圣张仲景的《伤寒杂病论》，外科圣手神医华佗的麻沸散和外科术。尤以蔡伦对造纸技术的改进与改良，更是名垂史册，被列为影响世界文明的100人之一。正因为纸张的发明与应用才使书画的发达与繁盛，文字的创新与发展，文房器的完善与更新成为可能。再就是青瓷的创烧，以它的延展性好、可塑性强、光鲜亮丽、致密不透水而窑火千年，传遍世界，更是水具的最佳之选。制墨工

图4-4 螺子墨
（汉，甘肃省博物馆）

艺的发展与"螺子墨"的问世，引发了文房器一系列的发展与易变更新（图4-4）。自此，古人弃丸墨，而兴型墨。一举改变了人们成千上万年的研墨习惯，使松烟之墨可以摆脱研石而独立成墨，极大地简便了研磨流程。并使砚面的结构与形态也从此变易，由平成凹，同时也改变了人们研墨时的两次做功，即一次性注水和墨的习惯。研墨工作从此开启了边研边注、适量微滴而注的直研新模式，从而直接造就了引"勺"入文，以勺丞研。可谓汉强国盛百工兴，文房水具四器臻。（图4-5）

图4-5 玉勺（汉、六朝）

5. 魏晋南北朝时期，为国乱文盛、文房勃兴、水具盛极生变的首易期

随着汉末的动乱，历史进入烽烟四起、纷乱复杂的三国两晋南北朝。尤其是两晋之后，五胡乱华，杀伐不断，亲族相残，朝倾国乱。政治上更是世族专权，官场黑暗，"上品无寒门，下品无世族"。整个社会佛道神怪盛行，清静无为厌世，使得大批文人知识分子远离政治、隐居乡野、嗜酒行乐、诗词歌赋。如著名的"竹林七贤"，陶潜、陶弘景、葛洪等名士都位列其间，就连书圣王羲之脍炙人口的《兰亭序》也是如此社会的造化与杰作。因为许多文人隐士醉心于游历，这一时期也是古代山水游历类文学作品的高产期。由于崇尚老庄，佛事流行，儒释道仙泛滥也使得"志怪文学"多出。然而，纷繁的社会、混乱的思想，却又一次将中国文化推向了一个高潮期，尤其是书法成就斐然，真、草、隶、篆四种书体完臻。书事如此，画界更是盛极一时。据《中国书画》（杨仁恺主编，上海古籍出版社2001年修订本）的数据看，仅画界名师就数以百计，产生了以顾恺之、陆探微、张僧繇等画界三杰为代表的画家群体，谢赫的"六法论"至今还是画界的金科玉律。书法名家更是不计其数，灿若星辰，先后产生了钟繇、卫烁、陆机、王羲之、王献之、王僧虔等书法大家，成为中国书史上不可逾越的高峰。恰恰正是书画的高起、辞赋的发达，成就了这一时期书具文房的辉煌，几度"洛阳纸贵"。造就出制笔名家张芝、江南"陈氏"，制墨名家伍及、韦诞，造纸名家左伯、张永等。各地的名砚也相继问世，如吴地的灵岩石砚、江西的永丰青石砚。其实，当时人们最常用的，也是最为知名的还是陶瓷砚。因为中国的制陶史已经发展了几千年，甚至上万年，"秦砖汉瓦"更是如雷贯耳。所以，有人用废弃的宫观砖瓦来改制瓦砚，并被后世皇家

所收藏，可见品质之精，故有砚中雅号"砚瓦"之说千年流传。
然而，最能反映当时的社会风貌，生动体现朝代精神文化形态的
还是文房水具。如反映避世脱俗、寄情山水、田园情调十足的蟾
鸣鸡叫、虎啸狗吠的水滴（图4-6），反映乡村生活家长里短的壶
罐家居题材水丞（图4-7），反映神怪五行思想的佛、道、神、兽

图4-6　青瓷双系雄鸡水滴（晋）

图4-7　酱釉圆肩收腹罐式盂（汉魏）

纹饰的水洗（图4-8），反映思想冲突、文化多元的流变器（图4-9），反映新思维、新工艺、新技术的两晋点彩和北朝白釉（图4-10）。反映水洗的工艺造型经两汉四百多年的进化改良，进入魏晋之后形成了符合文人士卿审美要求，更适应于文房使用陈设和文化氛围的水洗成型定制，其器口微敛，下腹圆收，平底三足（或无足）或折沿直腹，平底三足（或无足），尤其是整体呈扁平的造型，后世基本未变（图4-11）。还有反映文化繁荣、书画发达的，如生产规模扩展、数量增加、色彩丰富、造型多种多样等（图4-12~图4-20）。再有反映书事至极，翰昌墨盛，大字盛行，用

图4-8　折沿网纹佛道人物三足洗（西晋）

图4-9　黄釉虎子形水注（北齐）

图4-10　青瓷点彩网纹蟾蜍水滴（晋）

图4-11　网纹兽首衔环三足洗（晋）

墨量大的"滴王""海丞""大洗",诠释的是魏晋名士的张扬与潇洒,他们喜欢把字号大名和宅第府名书写于匾额,揭挂于门庭。还有佛道庙堂、王侯殿宇、富贵豪宅、名流庭院也都以精笔巨匾显示其威严,也有以长联雅对抒发情怀、表述主张、宣扬理念、吸引视听,或以碑石圣旨昭告天下,用巨笔雅书歌功颂德,故风行大字,便是自然之事了。宋人苏易简在《文房四谱》中也曾记

图4-12　兔捧钵形青瓷水注
（三国）

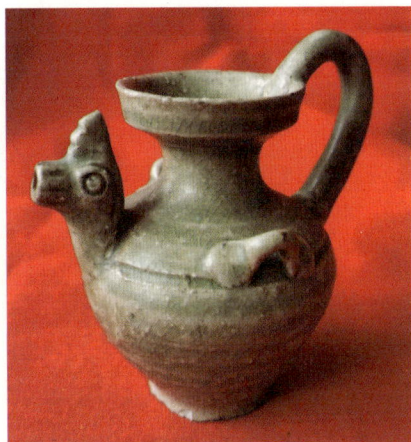

图4-13　盘口双系执壶形鸡首水注（晋）

图4-14　黑釉白点纹蟾蜍水滴
（北魏）

图4-15　飞禽式青瓷洗（晋）

图 4-16　青釉兽首弦纹洗（晋）

图 4-17　青瓷八面兽首洗
（南北朝）

图 4-18　瓷鱼篓纹水盂（三国）

图 4-19　青瓷珍珠地贴花蟾蜍水盂
（晋）

图 4-20　青瓷四系水盂（南北朝—隋）

述了王羲之与王献之父子二人间的一件趣事。"晋王献之字子敬。方学书，父羲之常后掣其笔，不得，乃叹曰：'此儿当有大名。'后果能以泥书作大字，方一丈，甚为佳妙，观者如堵，笔札之妙，时称二王。"还有如两晋书家，《四体书势》的作者卫恒，也十分擅长大字。《文房四谱》说："卫恒每书大字于酒肆，令人开之纳直，以偿酒价，直足，则扫去之。"因大字用墨量巨大，小盂小滴难以应付，故有"滴王""墨海""大洗"的出现。（图4-21）

图 4-21　青瓷折沿兽环大洗（东晋南朝）（口径 35.6 厘米）

6.隋唐五代的三百多年，为中国文化的鼎盛之世，也是器生五色、具映文采、文极器雅的昌盛期

中国历史经历了魏晋南北朝三百多年的分裂与乱世之后，进入隋唐的大一统时期。天下太平，文化繁荣，君臣喜好，贵庶追捧，再一次将以诗词歌赋、书画艺术为杰出代表的中国文化推向了历史的高峰。唐人吴融在《古瓦砚赋》中的一声吟唱，道出了文人骚客们对水具与翰墨的豪情与逍遥："玉滴一堕，松烟四上。山鸡误舞，澄明之石镜当头；织女疑来，清浅之银河在掌。"隋历二世，大唐一统，科举取士以其政教交辉的经典事件与文化进程中的里程碑而影响中国一千余年。同时也是文房及水具文化史上的一个经典立意和文化符号，辉煌千年而常塑常兴。无论是以"蟾宫折桂"为题材的"蟾蜍器"，以"独占鳌头"为内涵的"龟鳌器"，以"鱼跃龙门"为经典的"鱼化龙"器，还是以"父子同科""连中三元""辈辈封侯"为美誉的"蝉联器"，都是褒扬这一历史壮举的典型器物。折射出社会对"金榜题名""状元及第""平步青云""一步登天"的向往与追求（图4-22）。盛唐时，饮酒赋诗，品茗唱和，时成风尚，饮酒与品茶更是文人骚客追求的一种风雅。此时的席间几榻上出现了一种由执壶而生的盛注饮具，典雅秀美，流畅端庄，风靡一时，史称"注子"，点茶时也有叫"茶提点"的，后被文人书家引入文房，演变成注水器，雅称"水注"。从造型结构上看，可以说是水滴家族的同门兄弟（图4-23）。此外，是经济的发展和技术的进步及制瓷工艺上的成就与创新，被应用于文房器的制造和装饰上，烧制出了"越窑"青、"邢""定"白、"长沙窑"的釉下彩、"巩县窑"的唐三彩、"鲁山窑"的窑变釉（图4-24）。尤

图 4-22　黄绿彩背背（辈辈）双蟾水滴（唐）

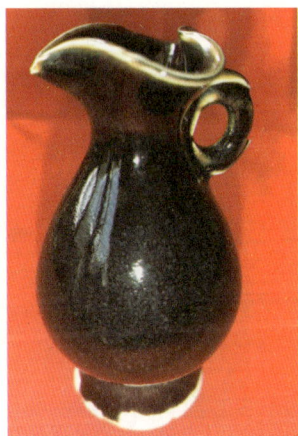

图 4-23　黑釉荷叶口水注
　　　　（唐五代）

图 4-24　三彩耸肩锯齿纹（带盖）水盂（唐）

为精绝的是皇宫"大盈库"烧制的"盈"字款御用器首次面世，从一个侧面反映的正是宫室的喜好与君臣官宦的盛世情怀（图4-25）。满足权贵名士的如金雕玉琢，名窑"盈"制（图4-26），适应士庶之情的如花蓝彩器、畜禽花鸟、典故人物（图4-27），特别是入唐器物出现的小巧制，突显的是文人情调，世俗新宠。像大纸小制的"雪涛笺"，反映的是诗精文短、精巧向小的文人情调。瓷窑工匠为了迎合这种笔精墨少、文短字精的文人追求，导致了文房水具小型化趋势的出现，也自在情理之中。如唐代书家欧阳通就将他的砚滴小品，雅称"金小相"，置于文案之上必定越显得小巧可人。当然，这与唐代的写经昌盛，多行鼠须小字，甚至微书绝技也不无关系。宋人苏易简就曾在《文房四谱》中说道："今都会间有运大笔如椽者写小字，小如半麻粒许，瞬息而就，或于稻粒之上写七言诗一绝，分间布白，历历可爱。"苏氏对微书的这一声感慨，与文人情调对应而立，也是对唐宋水具精巧向小的一种诠释与解读。（图4-28）

图4-25　白鹅戏羽"盈"字款水盂（唐）

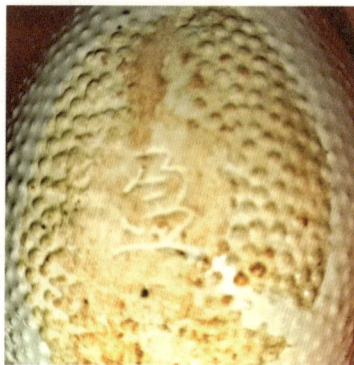

图4-26　白鹅戏羽水盂"盈"字款识

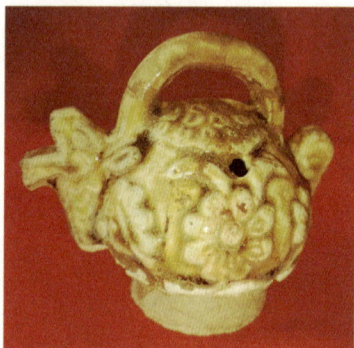

图4-27　黄釉贴花提梁式鱼化龙水滴（唐）

图4-28　黑釉直颈流肩小水滴（唐）

（3.8厘米 ×3.5厘米）

7.宋、辽、金、元及西夏五朝博弈共存的四百年，为多民族交汇发展，诸文明融通互鉴，技术进步，屡创新品，文浸儒润，器出经典的发展期

　　赵宋一朝是中国历史上因前朝君弱臣强、功高盖主，以军人政变而立国的王朝。故一世兴文抑武，儒盛文昌，所以又是一个文化长足发展的王朝。文化的发展自然也带动了文房业的发达，从而确立了墨、纸、笔、砚等书画用具在文房中的地位，时称"文房四宝"，当然水具也在其中。在宋初苏易简的《文房四谱》中被列于《砚谱》一章，文字虽不多，但足知其地位。立国之始，太祖赵匡胤就在当初拥兵自重，"陈桥之变"得天下的困扰与忌惮中以"杯酒释兵权"的方式解除了内乱的隐患。却同时也留下了北方少数民族长期的侵扰与威胁。又逢后世子孙嗜文向安，近佞远忠，不思武备，一世绥靖。尽管仁宗的"澶渊之盟"也赢得过几十年的和平，但终究未能阻止住草原民族的铁骑，直到"靖康之难"，汴梁失守，二帝被掳。南宋建立后，还是在喋喋不休的"主战"与"主和"的论战中苟安而存，最终被蒙元帝国所灭。在屈辱与退让中度过了三百年。然而，这又怎么能用一个"国弱"来评价和感伤的呢？凡事都有两面性，这样的一种国情却给民族的大融合，文明的大交汇，文化的大融通、大重塑创造了良机，因此它创造了灿烂的多民族的中华文化。首先是在兴文抑武、文治天下的总基调下，大宋一朝文事发达，名家辈出。如儒学、哲学、天文、易学都盛极一时、灿若繁星。产生了著名的"程朱理学"及中国思想史上的周、程、张、朱等宋四家。赵宋一朝国家开放、思想活跃、创新不断，也是中国科技史上继汉之后的又一个高点，"四大发明"宋居其三。还有名噪一时的唐诗宋词，歌赋散文宋时更盛，文学史上的"唐宋八大家"也是宋有其六。活跃于城乡的戏剧杂耍，散乐技艺到了元代，还诞生了国戏之祖——元杂剧，及杂剧名家关汉卿。书法绘画也是直追魏晋，与唐双雄，成就了书法史上的"苏、黄、米、蔡"等"宋四家"和元初的赵孟頫、鲜于枢，及画坛"元四家"。工艺美术更是盛况空前，成就斐然。如宋锦蜀绣，"五大名窑"，宣州纸笔，徽墨歙砚。

就水具而言，也是硕果累累。其一，造型与题材的进一步俗化，就如一幅文房版的"清明上河图"，内容丰饶、多姿多彩。但大多是市井人物、飞禽走兽、山石果蔬、生活用度（图4-29）。其二，器物构思精巧，惟妙惟肖，做工精妙考究，前世不及（图

图 4-29　白釉黑花戏溺童子水滴
（宋）

图 4-30　白釉点彩倒流式鸣鹅水滴
（宋）

图 4-31　龙泉窑船形水滴
（南宋，浙江省博物馆藏）

4-30）。其三，工艺复杂，刻、画、塑、雕，精工绝技，占尽了大宋发展的天时地利，成为文房器具中的一朵奇葩，至今也是馆藏之宝，屡创市场天价（图 4-31）。其四，由成吉思汗建立的元王朝，疆域辽阔，贸易发达，以其祖辈生存的蓝天白云、五彩草原、如云的羊群、赤色的骏马、天骄的情怀创烧出了元青花、釉里红、单色釉、"枢府"瓷等高温釉和孔雀绿、法华、琉璃等低温颜色釉，在中国陶瓷史上都有着划时代的意义。（图 4-32）

图 4-32 釉里红龙纹洗（元、明）

宋元的创制与新彩、诗画与书法、思想与
精工，又无一不应用于文房水具的烧制
中。使得水具五彩缤纷、秀美绝伦。其
五，四百多年的征战与和亲，五个民族的
冲突与交融，开创了水具史上唯一的一次
结构造型上的创新与创制，首创了水滴器
的二元结构。这就是经历三百余年草原民
族的南侵与汉族文化的北融，使华夏大地
上呈现出前所未有的民族大融通、文化大
发展，产生了草原民族司空见惯的"跪
乳"情节与汉传统"孝悌"文化相碰撞的
艺术火花——吮水滴。尽管不知当初是哪
个民族的工匠杰作，但可以肯定的是，这
既是社会政治、经济、科技、文化发展的
产物，也是宋、辽、金、西夏、元等多民
族交融、多文明碰撞所结出的硕果。（图
4-33）

图 4-33 影青釉人物吮水滴
（宋，安徽博物院藏）

8.明清两代为水具发展的争奇斗艳、雅俗共赏、古韵今昌的至极转衰期

自朱元璋推翻蒙元政权主政天下之后，无论是政治、经济、军事、外交，还是治国理政、官场吏治、精神文化、国计民生，既遵循传统又广布新政，都试图超越前朝。尤其是在文化上崇古复兴的趋势明显而强劲，可以说明代是汉文化承前启后、非常重要的一个时代。最为后世所熟知的无右于文史巨著《永乐大典》，文学上"四大名著"有其三。同时在经学、农学、工学、医学、建筑学、工艺学、史学、文学、书学、文字学、文化学、博古学、金石学、艺术论及文房器具等诸多方面都有总结前人、开拓未来的大成就，尤其是朝廷在全国的制瓷中心景德镇首开"御窑厂"，对全国的引领和辐射作用，对文房器具的工艺发展和提档升级都是不言而喻的。此外，是明清的徽墨、宣纸、湖笔及端、歙、洮河、澄泥砚等文房四宝都是历史上的巅峰之作。清朝尽管是关外满族人建立的封建帝国，但论文化，比起前朝来也毫不逊色，可谓有过之而无不及。首先是皇族之爱，历代皇族几乎诗书画印无不精通，对文房器具更是如醉如痴。在宫中开坊设院，集藏印谱，广征天下名工高手仍觉不够，还要遍访天下，广纳皇贡，清治近三百年间名家名作层出不穷，如清初遗民"四家""四王""四僧""扬州八怪"等。还有如《四库全书》《康熙字典》等文化巨著的编撰。在金石学、甲骨学、古文字学上都有开宗立派的贡献。在制瓷、琢玉、木作、髹漆、金饰、银作、铜铸、牙贝、掐丝珐琅等工艺上也是登峰造极，盛极一时，对传统手工技艺的传承、发展、创新都有过巨大的贡献。明清两代在文化艺术和工商制造业上的成就与发展，为文房及水具制作工艺的提档升级和精工打造上，都提供了物质条件和技术上的支撑。所以，两朝的文房水器与"永宣"器、"三代瓷"、明清工，呼应而立，水涨船高，异彩纷呈，彰显出皇作称极，精美绝伦；普物浩繁，粗器一片。其特点，一是品类繁多，五花八门，天地万物，无奇不有（图4-34）。二是俗器普实，随手一泥；官窑精绝，巧夺天工。展现了器兴两路、雅俗共赏的势态（图4-35）。三是明代铸铜工艺久负盛名，故水韵精铜也是文房的一大亮点。同时，为迎合明清两代的复古之风，仿古水具在文房重放光彩，更显熠熠生辉（图4-36）。

图4-34　德化白瓷西洋人物水滴（明）

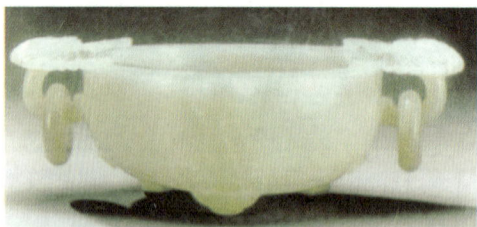

图4-35　白玉活环五福洗（清）

图4-36　鸣鹿铜水滴（明）

四是明代之长在五彩入瓷，清代之优显诗精画妙，各具特色，尤以水具更显民器百变，官具独丽（图4-37）。五是文房尽显儒化气，孝悌文化融水具，神工绝技因水秀，千年经典汇一器。（图4-38）

图4-37　黄地花卉开光御制诗文海棠洗（清）

图4-38　白釉红绿彩童子献寿水注（明清）

9.晚清民国时期，为文房水具的收官谢幕文化期

在晚清民国的上百年里，清廷腐朽，民国混战，列强侵犯，民情愤懑，文化求新，文房蜕变。从1840年起历史跨入了中国近代史的门槛。西方列强以坚船利炮打开了中国的大门，侵占国土，掠夺资源。清王朝也在这种内忧外患中轰然倒台，延续了两千多年的封建制度从此消亡。因此，引发了中国社会的政治、经济、文化、思想等一系列翻天覆地的变革。作为事变其间的文房器也留下了微妙而深刻的印记。在历史演进、科技发展与西方经济文化输入及影响的共同作用下，铅笔、钢笔、蘸水笔硬笔书法在国人的不知不觉中逐渐兴起，并迅速占领市场，大大挤压了毛笔的市场空间。从此毛笔书写一统天下之势风光不再，人们日常以小楷记事与书写的方式逐渐退出了市场，从而被易学而方便的硬笔书具所取代。留给毛笔的更多是粗笔大字，及匾额墙报等盛墨之事，弃"小"而行"大"已是大势所趋，历史之选。此时的文房器自然海墨巨砚，于是水具也亦步亦趋，形成了慢滴细磨与粗流大注同行的格局，以适应大笔巨砚的到来。纵观民国水具的概貌风格：一是精品少见，俗化浓烈，花鸟狗蟾、狮偶戏玩、各色人物的题材比较多，反映的是人们对政治无望，对政府失望，对社会观望，寄民主于希望，只盼未来有一线企望（图4-39）。二是政治题材的水具首现，反映的是社会更新、民众求变、向往民主、拥护辛亥革命的政治企盼和民情国愿（图4-40）。三是工艺简单、器物不精、盂洗一式、大器复兴，反映的是国运民生风云起、民众激情声浪急，适应的是毛笔小楷减少，硬笔书写流利，粗流厚墨主调，榜书大字热行。可谓是民国唱衰谢幕戏，夕阳晚照也惊异，辉煌不再文情在，人类进步是真谛。（图4-41）

图 4-39　粉彩书箱童子（晚清民国）

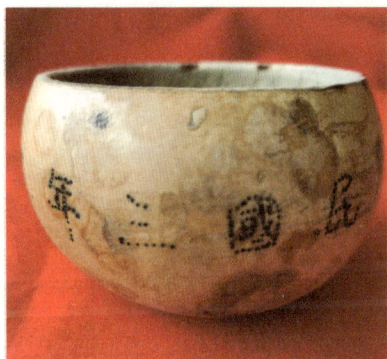

图 4-40　"民国三年"款瓟胎水盂
（民国）

图 4-41　褐釉大盂（民国）
（15.2 厘米 ×5.2 厘米）

清代晚期及民国时期，在山陕的商帮中还流行着一种改良版的盂器，反映的是水具的收官地旺与其独具特色的儒商气息。在明清之际，随着复古思想的泛起，中国文化进入了又一个高峰期。但这次与以前所不同的是它伴随着资本主义萌芽与近代商业文明的兴起而流行开来，其商业味十足。可以说水具最后的回响与辉煌，就集中表现于"汇通天下""商达四方"，儒墨商帮的柜房文化中，尤以晋商最有特色，具有十分明显的地域和行业文化风格。众所周知，晋商在近代商业及金融史上著称于世，一直延续了四五百年，尤以清中晚期为最，其首创的"票号"，堪称中国近代金融业的开山鼻祖。纵观晋商几百年的历史，最能反映其辉煌与发达的亮点不外乎两道景致。一是商路，二是柜房，最以其商铺与账房为经典。在其通宵达旦、灯火常明的柜台上最不能缺席的有三种陈设，除了账簿、算盘，就是笔、墨、砚、盂四件器物了。其中笔、墨、砚具与他处并无二样，唯水具独具特色。常见的款式有一盂两插的（插笔孔洞），一盂三插的（插笔孔洞），也有一盂多用的。还有捏塑有人物、动植物及钱纹通宝等喜庆祥和、财运亨通纹饰的。为了让频繁使用的笔头不至于在两笔账目的间隙干硬凝结，一般都在水盂口上分设功用，下半边开口取水研墨，上半边封闭作孔插笔，显然是瓷工为适应账房需求，在制作时便巧用心思在封盖上预设了搁笔机关，以便适应账房先生的用笔习惯。由于盂池中有水，笔头自然能保持湿润，不至于影响到随时使用。真可谓是小制作大智慧，独具匠心，同时体现的是细微之处见精明，市场无处不商机。尽管账房水具大都工粗瓷陋，以黑、白、褐、绿釉为多，也有青花彩绘细路的，但都生动可亲、简单适用、物美价廉，反映的是晋商勤奋经营、勤俭持家的传统美德。其纹饰多以花鸟鱼虫、狮虎禽畜、神龛房舍、乡土常俗造型，也有雕塑人物戏码的。总之，做得既活泼喜庆，又经济适用，展示的是晋商的生计与情怀、商战的激烈与精明、工匠与儒商的巧为与创意，代表了晋商大贾与文化传统在中国近代史上不同凡响的时代。（图4-42）

图 4-42　黑釉墩狮庙堂（笔筒双插）三栖水盂
（晚清民国）

（二）千年传承文一脉，历朝仿兴代复代

文房水具除了它千年不变的基本结构和器型之外，还有一个特点就是历史上世代上演的器物仿制和文化传承之风，遍及各朝，普兴历代，久盛而不衰。

1. 工承器传响经典，儒沐经浸载圣言

水具的传仿续扬，首先是儒家思想和传统文化的复兴与弘扬，除了此前所提到的"蟾宫折桂"（图4-43），"独占鳌头"（图4-44），"鱼跃龙门"（图4-45）等以科举取士为题材，表现"学而

图4-43　白釉贴花点彩蟾蜍
首吻流水盂（宋）

图4-44　青绿釉龙首龟水注（明）

图4-45　孔雀蓝釉摩羯鱼水滴（清）

图 4-46　粉彩童子献寿水盂（清）

图 4-47　蓝釉团寿纹鞋形（笔插）水盂
　　　　　（明清）

图 4-48　蓝釉长啸卧牛水滴（清）

优则仕"思想之外，还有如"童子献寿""臣仆呈宝"等以孝悌忠君为题材，表现"三纲五常"思想的（图4-46）。如"鞋履行具"、书、砚、山石等，以"书山有路勤为径，学海无涯苦作舟"为题材，表现天道酬勤、励志思想的（图4-47）。如"童子牧牛""行牛""卧牛"等以牛喻人、埋头砚田、辛勤耕耘为题材，反映埋头做学问、成名成家思想的（图4-48）。如梅兰竹菊、高士田园、莲池瓶盂等以远离尘世，倾心田园，清雅高洁，修身养性为题材，反映清静无为思想的（图4-49）。如车船舟楫、马奔驴行等。以读万卷书，行万里路为题材，反映学无止境、勤奋苦修思想的（图4-50）。如"童子三果"，鱼、鳖、蟾、虫等以福禄寿喜、顽童绕膝为题材，反映多子多福、家族兴旺思想的（图4-51）。如"马背顽猴""群猴嬉戏"等，以"马上封侯""辈辈封侯""世袭蝉联"为题材，反映夺魁受封、世代为官、门庭显贵、兴旺发达的思想（图4-52）。如"狮子绣球""二龙戏殊""龙凤呈祥"等以狮蝙龙

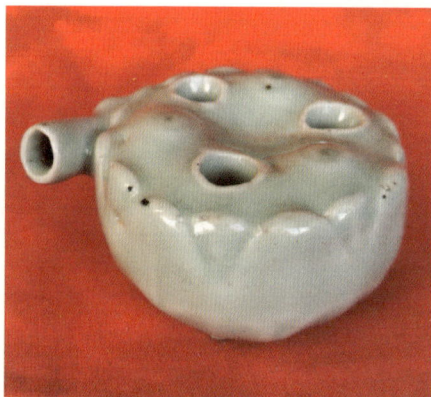

图4-49　莲房形水滴（清）

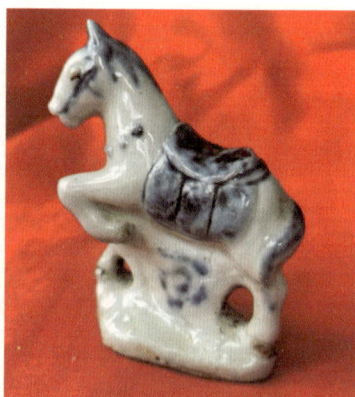

图4-50　青花天马水滴（明）

图4-51　三彩多籽石榴水滴（明）

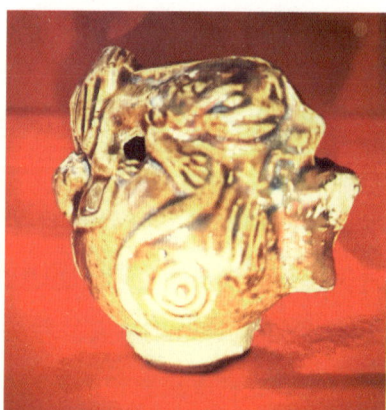

图4-52　黄釉太师少师水滴（唐宋）

凤为题材，表现吉庆祥和、天下太平思想的（图4-53）。如以牛、羊、猪、鸡、狗为题材，表现六畜兴旺、五谷丰登、国泰民安思想的（图4-54）等，数不胜数，丰富多彩，寓意深刻，影响久远。可谓是无器不彰显出传统文化的精妙与博大，每具都散发着经学儒论的深邃与教化。

图4-53　绿釉双狮（笔插）水盂（明）

图4-54　鹧鸪斑石鼓卧犬水滴（宋）

2. 先器后仿千年路，一条文脉贯始终

说的是历史上对水具的传续效仿、重复演易、历代有之，从未停止过，但又始终没有离开过传统文化与儒道思想的大背景、民俗风情与人文情怀的大环境。几千年来，文房水具在传统文化的仪轨上，朝势国风的影响下，仿制前世器物，重塑历史经典，可以说是朝朝有仿、代代如此，甚至是几千年一器，几代人同爱。如"蟾蜍器"，从春秋中期晋灵公陪葬的"玉蟾蜍"到晚清民国的"瓷蟾滴"，传世流行了2600多年（图4-55~图4-58）。如"龟

图4-55　青瓷点彩弦线鱼刺纹蟾滴
（晋）

图4-56　黑釉荷叶蟾蜍戏莲球形水滴
（唐）

图4-57　黑釉雄蟾（蟾口笔架）水注
（元）

图4-58　珍珠地小蟾水注
（清）

鳌器",从秦汉统一后的"汉绿釉龟滴",魏晋傅玄的"水龟"器,到明清两朝的精铜造,彩瓷塑的"龟盂""龟滴",也是两千余载的热市(图4-59~图4-62)。如"鱼化龙"器,从隋唐入世,经宋

图4-59　汉绿釉神龟形水滴
（汉）

图4-60　行龟衔杯铜水滴
（六朝）

图4-61　龙泉青瓷龟形水滴（宋）

图4-62　龟形铜水滴（明）

元至明清，也是1200多年的经典（图4-63~图4-66）。如猪、鸡、狗、羊，狮、虎、熊、犀，全都是自魏晋开始，1600多年的勃兴（图4-67~图4-70）。如佛、道、神、仙人物，从六朝开窑，直至

图4-63　绿釉提梁鱼化龙水注（唐）

图4-64　绿釉胡人鱼化龙水盂（元）

图4-65　黑釉飞鱼童子水滴（晚清民国）

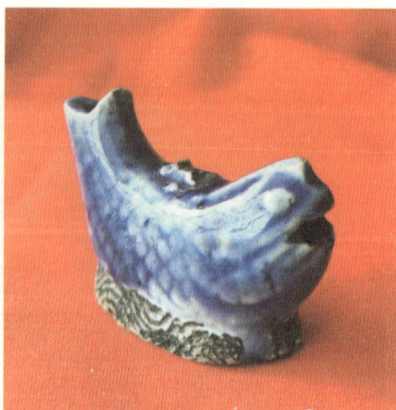

图4-66　蓝釉鱼跃龙门水滴（明）

图 4-67 羊首连珠纹双系耳青瓷滴（晋）

图 4-68 三彩戏羽鹅形水盂（唐）

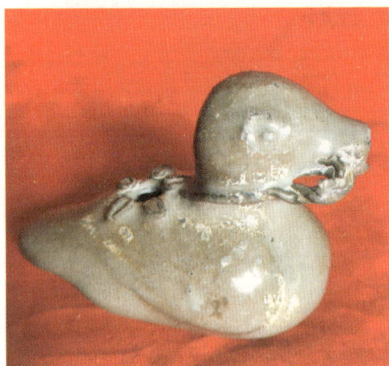

图 4-69 钧瓷月白釉鹅形水滴（宋）

图 4-70 青花泅水鸣鹅形水滴（明清）

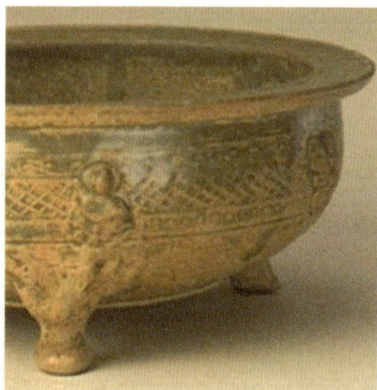

图 4-71　青瓷佛教人物三足洗
（西晋）

图 4-72　白釉黑彩持花戏溺童子水滴
（宋）

图 4-73　白釉褐彩驾蟾童子（笔插）水盂
（元明）

图 4-74　白釉仕女牧羊水滴（清）

民国仍是佛像慈祥，道者超然，美人如云，各式人物无不神态万千，亲近慈祥（图4-71[①]~图4-74）。如以忠孝诚恭为亮点的水具，从元代的"家仆敬宝"，到清初的"童子献宝"，再到晚期的"臣公进宝"，持宝人几经演变，但内涵不改（图4-75~图4-78）。

---

① 草千里：《汉唐瓷器鉴定》，浙江大学出版社，2004，第34页。

图 4-75　青花家仆敬宝水滴
（元末明初）

图 4-76　德化白瓷童子献寿水滴
（明）

图 4-77　粉彩童子献宝水滴
（清）

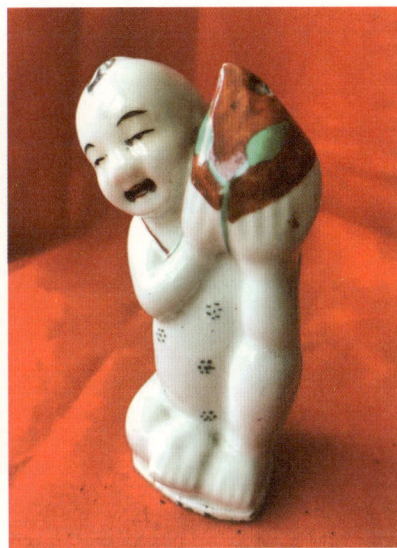

图 4-78　粉彩童子献寿水滴
（晚清民国）

还有如青铜礼器四千年，明清一亮又复兴（**图4-79~图4-84**）。总之，历代水具的仿制效传历久而弥新，世终具不断，朝亡器更兴也是文房水具的一大特征，可谓仿制之风传续千年，中华文化纵贯其间。

图4-79　青铜牺尊线图（西周）

图4-80　仿牺尊铜水滴（明）

图 4-81　袋足青铜盉线图（西周）

图 4-82　仿青铜器袋足盉形水滴
（清）

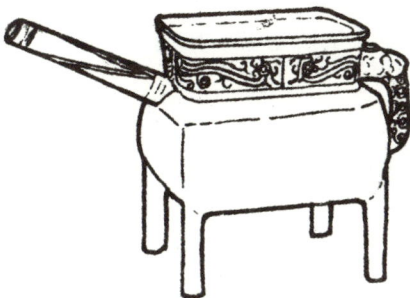

图 4-83　青铜方盉线图（西周）

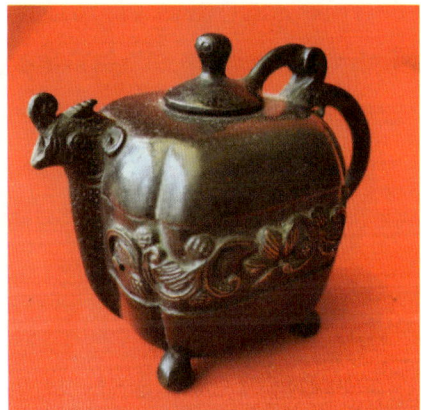

图 4-84　仿青铜凤首龙柄雕花铜水滴
（清）

（三）自古诵颂文不竭，翰墨寄情著诗篇

水具虽俗，仙露之丞，盛容着水墨丹青的血脉；一器也小，有容乃大，陪侍过书圣文豪的衣钵。一枚水具寄托了多少文人雅士的情怀、官商庶子的希望、能工巧匠的奇情，引发过多少书家名士为其诗词歌赋、书铭作载。已知最早的文字出现在西汉末刘歆的西汉杂史《西京杂记》中："天子后宫则五色绫文，以酒为书滴，取其不冰。"又说："昔有人盗发晋灵公冢……获蟾蜍一枚，大如拳，腹容五合水，润如白玉，为盛书滴器。"时至东汉三国时期，曾任曹魏丞相主簿的繁钦在《砚赞》中也说："连水滴器于其首而为之者，穴其防以导水焉。闭其上穴，则下穴取水，流注于砚中。"

要论专为水具作文的第一人，当推魏晋文学家、史学家傅玄（217—278）的《水龟铭》："铸兹灵龟，体像自然。含源味水，有似清泉。润彼玄墨，染此柔翰。申情写意，经纬群言。"这一水具的开山之作，还曾引发了五百年后唐代诗家温庭筠的一番感慨，在与段成式的作答诗《送温正卿墨复书十五首》中说："韦曜名方，即求鸡木；傅玄佳致，别染龟铭。"水具还有一个别称，叫玉蟾，取蟾宫折桂之意。唐刘禹锡《唐秀才赠端州紫石砚，以诗答之》中就吟诵道："玉蜍吐水霞光静，彩翰摇风绛绵鲜。"北宋宰相王珪《宫词》中也有吟诵一首："清晓自倾花上露，冷侵宫殿玉蟾蜍。擘开五色销金纸，碧锁窗前学草书。"唐李琪在《谢朱梁祖大砚瓦状》中也曾有感而发："如臣者，坐忧才短，行怯思迟，自叨金马之近班，常愧玉蟾之旧物，岂可又颁文器，周及禁林。"要说赞美之辞最为生动华丽的应是唐吴融的《古瓦砚赋》："玉滴一堕，松烟四上，山鸡误舞，澄明之石镜当头；织女疑来，清浅之银河在

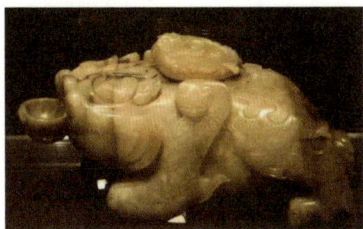

图4-85　瑞兽玉水注
（汉唐）

图4-86　六朝碧玉鸬鹚勺
（宋《古玉图谱》）

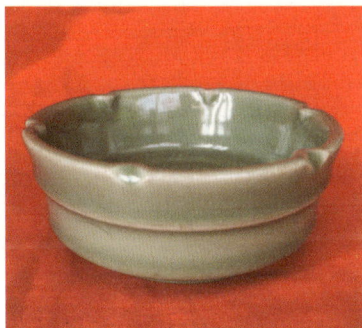

图4-87　龙泉窑葵口单箍圆洗
（明）

掌。"还有如唐人皎然《送裴秀才往会稽山读书》中的："砚滴穿池小，书衣种楮多。"及唐张少博《石砚赋》的："故立言之徒，载笔之史，将吮墨以濡翰，乃操觚而汲水。"都堪称是经典。（图4-85）

赞誉勺具的有唐黎逢的《石砚赋》："君无谓一拳之石取其坚，君无谓一勺之水取其净，君其遂取，我有成性，苟有辅于敷阅，因无辞于蕴映。"还有如唐张仲素在《墨池赋》中也隐喻了勺具的风采："俾夜作昼，日居月诸，挹彼一水，精其六书，或流离于崩云之势，乍滴沥于垂露之余。"宋龙大渊在《古玉图赞》中图示"古玉雷文豆水丞"时也附文说："更用碧玉鸬鹚杓为副，六代名贤之美器也。"其后，明屠隆在《文具雅编·水注》一篇中也提到："有半身鸬鹚杓。"（图4-86）

洗从绍兴坡塘306号战国墓一现，就整体造型而言，与今日之洗已无多大差别。历经2400余年的演进与发展，品类造型丰富，器型优美典雅，堪称文房佳器、文案君子（图4-87）。洗是水具中的大器，造型扁平圆润，典雅洗练，显得十分雅致。但制作技法复杂，工艺水平很高。在文案上与砚台一文一武，相伴而行。如果砚是文房之王的话，那洗则必定是文房之后了，自古深受书家文士的喜爱。明代制墨名家吴去尘在他制作的一款"汉碑墨"锭的墨面上就以阳文隶书的《墨光歌》一首赞誉道："空斋清昼陈帘里，新水才添白玉洗。"（故宫藏。墨长8.7厘米，宽4.2厘米，厚0.9厘米）

水盂由饪食盛饮器转世，出世较早。一般都造型简洁端庄、小巧可爱、受众最为广泛，是文房水具中的大项，自古赞美之词不绝于耳。宋时的林洪在《文房图赞》中就首将水盂誉为"水中丞"，有侍水"宰辅"，文房"丞相"之意。唐时大书家欧阳通也曾把家藏砚滴美其名曰"金小相"，真乃文房"重臣"，翰墨"贤相"，书家丞辅。宋赵希鹄在他的《洞天清录》中讲："古人无水滴，晨起则磨墨，汁盈砚池以供一日用，墨尽复磨，故有水盂。"明屠隆在文房专著《文具雅编·水中丞》中也说道："玉者，有陆子刚制，其碾兽面锦地与古尊垒同，亦佳器也。有古玉如中丞半受血侵，圆口瓮腹，下有三足，大如一拳，精美特甚，乃殉葬之物。古人不知何用，今作中丞，极佳。"（图4-88）

水滴器出春秋，工精技绝，百变如流，器型多种多样，品类最是丰富。宋人聂崇义在《三礼图》中说："有极小者，容一合，铭一七字：'作司，用遣用归，维之百零之四方，永之佑福。'恐是盛水砚滴。"民国许之衡在《饮流斋说瓷》中也说道："蟾蜍，龟滴，由来已久，古者以铜，后世以瓷。明时有蹲龙、宝象诸状。凡作物形而贮水不多者则名曰滴。"无论是刘禹锡吟诵中的"玉蜍"，还是李琪文颂时的"玉蟾"；无论是傅玄作铭的"龟滴"，还是温庭筠作和的"龟铭"；无论是灵公墓冢的"书滴"，还是繁钦《砚赞》的"水滴"，或是吴融《砚赋》的"玉滴"，皎然送别诗中的"砚滴"，无不彰显出"滴"具的风采、世人的挚爱。明屠隆在《文具雅编·水注》中浓墨重彩地记述了水滴器的繁盛与精彩："玉

图4-88　白釉敛口鼓腹瓜棱纹三足盂
（唐）

图4-89　白釉持莲胡童戏鹅水滴
（辽金）

者有圆壶玄壶，有陆子冈制白玉辟邪，中空贮水，上嵌者青绿石片。法古旧形，滑熟可爱。有双鸳注，有鹅注，工致精极，俱可入格。"（图4-89）

还有林洪的《文房图赞》和龙大渊的《古玉图谱》宋代图录本。图说文赞，汉风唐韵，既可以一睹汉唐文房的器貌和风采，又可以窥古人琢玉的精工妙作。如《古玉图谱》卷七十一中的"古玉甘露甕水丞"（汉）、"古玉螭耳水丞"（汉）、"古玉如意衔嬛水丞"（六朝）、"古玉雷篆水丞"（汉）、"古玉提梁水丞"（秦汉）、"古玉雷文豆水丞"（六朝）、"古玉如意足水丞"（晋唐）、"古玉凰壶水丞"（隋唐）。卷七十二中的"古玉钵盂水丞"（唐）、"古玉莲盖水丞"（唐）、"古玉眠鹅水注"（汉）、"古玉卧羊水注"（晋唐）、"古玉莲房水注"（汉）、"古玉卧瓜水注"（汉）、"古玉蟾蜍水注·一"（汉）、"古玉蟾蜍水注·二"（汉）、"古玉元武水注·一"（汉）、"古玉元武水注·二"（汉）。卷七十三中的"古玉三元豆水注"（宋）、

"古玉斗水注"（唐）、"古玉雷簠水注"（汉）等二十一式水具及两件水勺堪称美轮美奂，文房佳器，必是"名贤之美器也"。继宋之后，明代王圻及其子王思义的百科图录类书《三才图会》的《器用》十二卷中也有精图妙论。在一件"玄武水滴"的注文中讲："砚滴，砚席中奇玩也，作龟蛇而有行势，背为圆空，可以纳水。其一制小兽如指大，以立背上，皆口衔若杯状，遇水出则吐杯中。按龟蛇北方兽，注水用以饰此盖，取其类耳。"如此至理名言，精图文论，无不凝结着儒典圣言的精髓，展现出传统工艺的高妙。可谓是沧海一粟小水具，典载诗赞为一器，用尽文豪满腹墨，不及水丞有人气。（图4-90）

图 4-90 水中丞（南宋《文房图赞》线图）

五
水具的收藏与鉴赏

水具收藏是文房收藏的重要一品，完全可以坐上笔、墨、纸、砚之后的第五把交椅。水具乃文房遗珍，书家至尊，贵庶相宜，人见人爱，可谓受众广大；水具儒浸文润，根深叶茂，蕴涵丰富，品位十足，可谓文脉深远，文化厚重；水具源流古远，与四宝同庚，与文房同在，是文水衣钵，可称书"丞"画"柱"，文房之贤相。故自古收藏优势都十分明显。在当今的艺术品市场上也曾创下上百万元的成交记录。受众人群自然广布，选择路径也十分宽泛，无论是藏、鉴，还是品评、书论都十分丰富。这些都是文房水具旳收藏优势与藏点所在。

（一）自古寒贵爱一器，文宅密阁藏珍奇，柴门瓦舍桌上秀，相府皇宫有一席

文房水具的收藏自古有之，藏史持续几千年而热度不减。《西京杂记》有载为证，晋灵公所心仪的"玉书滴"，距今2600年，若是祖传国遗，那就更久远，堪称水具收藏第一器。其后，又见"绍兴306号战国墓"那位徐国卿大夫的文房之爱，"铜洗""玉耳金舟"及舟中"小陶盂"等丞、舀、洗器一应俱全，也都是生则藏之，死亦陪侍。还有，时至西汉"罢黜百家，独尊儒术"，文化繁荣，书事发达，因此书兴而藏珍，国盛而藏兴，时至如今，当年的珍藏遗存频出。如中央电视台《国宝档案》中所展示的青海省博物馆馆藏汉"青瓷蟾蜍水滴"就是一例。又如宋龙大渊《古玉图谱》所图示文说的21件水具中，就有20件是汉唐遗物，如果说到宫藏民收的，就更多了。（图5-1）

魏晋南北朝是中国历史上一个胡侵国乱、战火不断、世族专权的时代。但同时又是一个"四体"书臻、"洛阳纸贵"、国衰文兴、大师辈出的时期。君臣论书，文武通墨，书精画妙，文房勃兴。所以，也是一个藏珍纳器、宝隐深宅的尚藏之时。

图 5-1　古玉卧瓜水注
（宋《古玉图谱》）

如魏晋之交时的傅玄在他的众藏之中，就对一件龟滴器宠爱有加，曾经专为其作铭，题称《水龟铭》。其文赞道："铸兹灵龟，体象自然。含源味水，有似清泉，润彼之墨，染此柔翰，申情写意，经纬群言。"还有是宋龙大渊在《古玉图谱》中著录的二十一款汉唐水具中竟有16件属汉魏六朝器物。尤对一件"古玉雷文豆水丞"，赞美之词溢于言表。注文说："雷文豆高二寸五分，圆径六寸八分，玉色崇白无瑕，豆间饰以雷文，腹上饰以衔环兽面，线口离足绕以三环，更用碧玉鸬鹚杓为付，六代名贤之美器也。"（图5-2）

隋唐之际，民富国强，文化繁荣，收藏热越发昌盛。尤其是开科取士，经昌学热，诗文书画盛极一时，势必使笔墨纸砚精贵，文房收藏勃兴。以文器易宅第，拿坐骑换一具，一件文房百金之价也不少见。可谓文化热，收藏即热，水具鉴藏自然也在其间。如唐初书家欧阳询之子欧阳通，不但是书法家，同时也是文房器具的收藏家。宋陶谷在《清异录·文用·畦宗郎君》中说："唐欧阳通善书，修饰文具，其家藏遗物尚多，皆就刻名号，砚滴曰金小相，镇纸曰套子龟。"又如，宋龙大渊的《古玉图谱》所记述的文房器中，就唐宋旧藏水具也有八件之多。还有，如唐末五代的李琪在《谢朱梁祖大砚瓦状》中也曾道："如臣者坐忧才短，行怯思迟，自叨金马之近班，常愧玉蟾之旧物。"（图5-3）

宋代的文兴国藏，史所不及，在文房水具的烧造和收藏上都是一个十分昌盛的时期，前后均少有比肩者。鉴赏与收藏到宋元时期，已从一项个体爱纳，小众喜储，发展成为大众时尚、举国之为、官府专司、社会成热之势。而且形成了一个为藏鉴而著书集典、精论图谱的藏纳与研读同兴并旺的发展趋势。因爱生藏，由考钻研，故有藏家学士纷纷为文房器具图录著述、品评赏

图5-2　汉 古玉莲房水注
（宋《古玉图谱》）

图5-3　三彩禽首螭龙提梁贴花水注
（唐）

图5-4　汉 古玉蟾蜍水注
（宋《古玉图谱》）

鉴。其中也不乏关于水具的精藏与品鉴。如宋初苏易简的《文房四谱》，宋人陶谷的《清异录》，赵希鹄的《洞天清录》，聂崇义的《三礼图》，龙大渊的《古玉图谱》及林洪的《文房图赞》等，这些宋籍都无不是以其丰富的收藏和卓越的见识为基础，以长期的考研与鉴赏为支撑，以宋元兴盛而优裕的收藏环境为条件，而成为千年藏典的。（图5-4）

明清两朝五百余年，文房水具呈中兴之势，比起前世来有过之而无不及。受明清两朝复古思潮与近代文明进步的共同影响，千年的民族手工艺繁盛异常，又有新材料、新技术、新工艺不断涌现，促使中华文化雄势再起。所以，明清文事昌盛，文房发达，收藏兴旺，更使鉴藏盘换业渐热，便有古董市场也逐渐兴起。同时对文房器的品评鉴藏、研究集注也纷纷成书面市，百花丛中一枝秀，其势非常。可以说是爱者如云，藏家无数，评鉴勃兴，类书热市。不仅皇宫相府列藏，名流高士喜赏，达官富贾把玩，民间小户也不乏收藏人家，柴门独有。特别是成了一些高官府地和宫廷别苑的重要陈列与精品典藏。如屠隆在《文具雅编·水注》一篇中就讲道："有官窑方圆壶，有立瓜卧瓜壶，有双桃注，有双莲房注，有牧童卧牛者，有方者，有笔格贮水用者，有定窑枝叶缠绕瓜壶。"因明清两代文房水器使用的普及性、收藏的普遍性、种类的多样性、赏玩交流的广泛性，从而推进了研考品评的热起和鉴赏之学的发展。话论多家，著述迭出，如文震亨的《长物志》，屠隆的《考槃余事》《文具雅篇》，王圻、王思义的《三才图会》，唐秉均的《文房肆考图说》，许之衡的《饮流斋说瓷》等，文房及水具的图考与著说多有面世。特别是文震亨在《长物志·文具》一篇中，还就文房器具的收藏与陈设做了专门而翔实的描述。他说："文具虽时尚，然出古名匠手，亦有绝佳者。"并就藏具和列藏做了完尽的交代。"三格一替，替中置小端砚一，笔觇一，书册一，小砚山一，宣德墨一，倭漆墨匣一。首格置玉秘阁一，古玉或铜镇纸一，宾铁古刀大小各一，古玉柄棕帚一，笔船一，古铜水勺一，青绿鎏金小洗一……"（图5-5）

图5-5　玄武衔杯铜水滴（明《三才图会》）

（二）历代收藏有先贤，博物院馆寻珍迹，《国宝档案》举其一，民间藏品大世界

前几年，中央电视台的《国宝档案》节目曾先后两次展播馆藏水具，一件是青海省博物馆的汉代"青瓷蟾蜍水滴"，另一件是河北省蔚县博物馆收藏的清"粉彩童子献宝"水滴，都弥足珍贵，堪称国宝。过去皇家、名家、大家的收藏多国宝精品，也是名家名作，名贵水具能流传至今的主要渠道。其次，是地下文物的发掘出土与民间遗物的收集发现。如晋灵公曾拥有的"玉书滴"就是一次两千年前因盗掘而面世的典型案例。也不乏民间的流传遗物和盘换玩器。论收藏主流，高端珍藏，当然是故宫、国博、其他各大博物院（馆），并是官器、官器、重器、珍稀之器等国宝级器物的藏展之地。但各地的中小博物单位、考古院所及一些收藏大家，也不乏珍宝国器的收藏。如前些年苏州市博物馆就曾组织专家学者编撰了一套名为《文房清玩》的馆藏图集，介绍展示了苏州馆藏文物，其中就有珍品水具呈现。正因为自古文房水具就是天下书人都用，大江南北皆造，才成就了后世文博所馆展藏，宅藏家有民玩的壮观之象，见证的是几千年来王侯庶士兼有爱，民收国藏都盛行的辉煌。特别是当今的民间收藏热度不减，不可小视。可以说民间之藏也是一个非常庞大的纳宝群体和潜在的市场，据说如今的个体藏民遍及全国，可达上千万。尤其是随着这些年收藏热的不断持续，民间也必定是聚宝藏珍，成为水具重器、文房国宝的重要藏身之地。呈现出国藏民收两分天下有其一的发展大势，可谓是青海汉"蟾"称第一，故宫国博尽王器，民间收藏不小视，藏龙卧虎有珍奇。（图5-6）

图 5-6　汝瓷天青釉戏莲鹅滴（宋）

（三）学古研今课前功，心纯爱真目标正，水具收藏有前提，量力而行戒冲动

其一，搞收藏的第一个前提，就是要心有所爱，方能事有所成。有的人说，要干一行爱一行，其实是违背人的心理规律的。办一件事，如果没有需求，没有动机，所有的追求就是无源之水、无本之木了。这种求取就不可能持久深化，不可能与所好之求碰撞出火花来。所以，只有爱好一事，才能干好一行，才能使自己的追求有不竭的动力和无穷的智慧。

其二，是要对自己的收藏与发展有一个准确而清晰的定位和目标。是玩赏型的开心保健收藏，还是喜好型的兴趣所为；是经商型的生计打算，还是投资型的获利之举；是诸藏中的顺路一手，还是系统性成序组列；是学习型的练眼增知，还是读史问古型的研究探源。只有定位准确、计划周密，才能事半功倍、学有所成，学玩有度，恰到好处。

其三，是要熟知历史、了解古人，储备足够的历史文化知识和相关的器物背景，要了解各个历史时期的世风国貌、风俗民情，掌握器物的前世今生和相关的传统工艺特点及制作流程。要学习和应用前人与行家的收藏经验及品鉴技巧，不打无准备之仗。只有在起步之初就对相关的历史源流、发展脉络、器物特点、产生环境等藏品背景及收藏前景有个基本的了解，才能在上道之后，顺利登场，平稳发展，少走弯路。

其四，是要力戒贪念，摒弃发财心理。做到捡漏只是他人事，我自求学乐不疲，不经三问不出手，出手有待下回见。总之是要有一颗平常之心，良好的情态，先知的大脑，慢半拍的手，切忌冲动、盲动、激动，以防事后被动。

其五，是要量力而行，量知而动，反复度量，谨慎行事。初入道时，要小打小闹，由小而大，渐进发展，厚积薄发，十年一剑。而后还是学无止境，虚怀若谷，善于倾听山外高论，多请高人指点，常请"师傅"掌眼。（图5-7）

图5-7　白釉书卷形水滴（近代）

（四）收藏凭眼力，练眼如修禅，十年磨一剑，慧眼十法谈

方法一，赝品遍地随处"坑"，一器两观看门道。就是说，在当今假货赝品充斥古玩市场，"地雷"密布、真品难寻的情况下，要学会对器物多角度地认知，多维度地鉴别，多方位地观摩，多方面地学习。在寻觅老、真、旧、全等原装器的同时，也要善于研究掌握新、假、拼、残等赝品的器貌特征、工艺手法及流行趋势，可以起到反正鉴弃的作用，以便使我们在收藏的过程中增加一种推测判别的手段和防伪识真的参照。（图5-8）

图5-8　白釉兽首（流残）水滴（唐宋）

方法二，普物偶见练眼力，遴选莫忘典型器。就是说文房水具在时下还不是收藏界的主流藏项，相对而言存市还比较多。尤其是水具中的粗器、普物、大路货，还是能偶有所见，常有所获。因为只有熟识老东西，吃透真东西，才能提升眼力，增强功力，培养鉴别力，所以机会难得，乘着普器偶见之机，熟悉旧物、感悟老味、抓住要点、吃透史貌，掌握各种器物在各个时代的各种工艺特点，从而有效提高我们辨真识伪的能力。此外，在收藏古物时，要特别关注那些古气十足，能集中反映当时历史独有风貌的典型器，时代特点明显的标准器，尤其是对那些搞系列收藏的藏人来说更为重要。机不可失，时不再来，果断出手，不能迟疑，不然势必遗憾一生。（图5-9）

图 5-9　酱釉葡萄纹（笔插）水盂（晚清民国）

方法三，精品难求求精难，难中得精难后甜。收藏精品有三难，遇难、辨难、成交难。难与不难一念之间，无非贵贱掏钱难，不拿也罢疑点难，缘分袭来下回见。水具精品在地摊，民间现已难得一见，相遇实属缘分。绝大多数已被藏家收入密阁，或让商铺示展陈列，当然最多的还是在博物院（馆）中，所以精品难求。真品在市面上价高器少不论，而且是被仿作造假得惟妙惟肖，就连多年的行家里手都难辨真假，极易打眼上当。偶遇一件精品，价格也会抬得很高，想要得到绝非易事。那就不妨实践一回"三顾茅庐""笑里藏刀"，三番五次，不厌其烦，死磨硬缠，天缘之器终有一报，看来买好东西也是天道酬勤。其实，与商家过招也是心理上的一个较量，精诚所至，金石为开。既表达了诚意，又拉近了关系，同时也是对器物的再认识、再甄别、再赏鉴的过程，无形中降低了风险，节约了成本。此外，在与商家讨价还价的过程中，还可以感悟市场、提升眼力、发现破绽、历练心力，一举多得。（图5-10）

图5-10　铜鎏金（部分脱金、缺盖）凤鸟水盂（明清）

方法四，博览细研谨甄别，真工假技善总结。为此，一是要多看善思勤交流。只有勤逛市场，多经手，才能见多识广，成竹在胸。只有精研细问，鸡子寻骨，才能在细小之处寻真谛，微妙之异见功夫。二是要新老真假对比着看。"不怕不识货，就怕货比货"，如此一来，自然分毫毕现，奥妙可见。三是收藏难免不买错，但是不能总买错。要吃一堑长一智，深究原因，由此获益，一次"学费"终身受益。四是天下的任何事物都是有其规律性的，文房器具也一样。要善于从真假轮回、新旧对错中总结经验，反观教训，寻找规律，有所悟道，渐有长进。（图5-11）

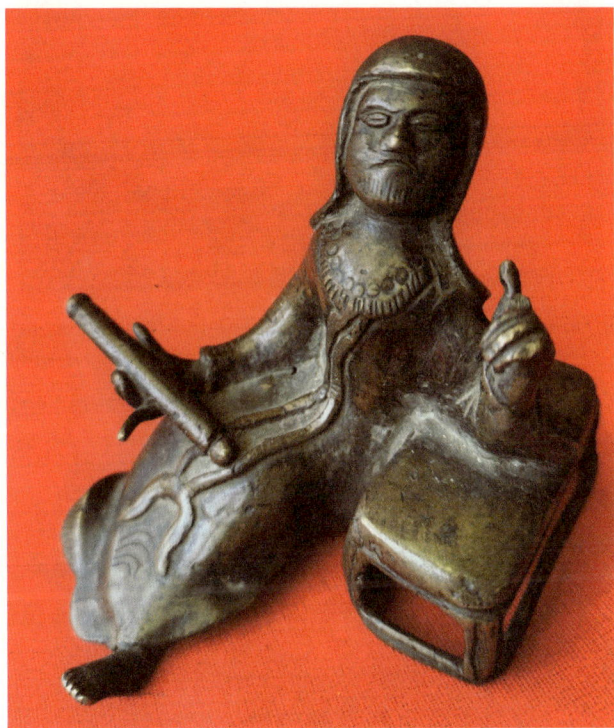

图 5-11　赏书谈画应景铜水滴（明）

方法五，以藏入圈常品评，找个师傅方便行。初入收藏，最好是要先找一个靠谱的师傅，这样会少走很多弯路，不失为一条"近途"。身边有座靠山，眼前有盏明灯，走起路来自然就稳当、顺畅、踏实、自信了很多。其次是要广交藏友，在行内形成一个收藏圈，并经常交流品评，这样势必会一眼多观，一脑群智，以群体的才智观察器物，鉴别真伪，必有大益。从而使收藏之路走得更宽广、更顺畅，且收获更大，信心更足。（图5-12）

图5-12　白釉刻花洗（元）

方法六，器杂艺广价较廉，初入藏界最佳选。就是说，水具的收藏相对其他藏项而言，优势比较多，尤为适宜初学者涉足。其一，水具在古代社会是天下兼用之物，千年屡制一器，故存世量较大，在当今的古玩市场上还能偶遇，故接触真品老物件的机会较多。有利于我们了解其历史沿革，掌握其历史风貌及用材用料，熟悉各个朝代的工艺特点。其二，水具时下还非主流藏品，涉足的人少，相对而言见到真品的机会也就多，学习的条件好，选藏的范围自然大，甚至有收获到精品珍玩的机会。其三，是器

小粗杂不显眼，不太能引起藏家的关注。所以摊主卖家要价一般
比较低。非常适宜初学者择优收购，即便买错了也损失不大。其
四，是由于水具品类繁杂、用材多样、年代不同、风格各异、工
出多家，含盖了众多的工艺门类。故多样的选材用料、不同的加
工手法、千变万化的器物造型，还有千年时光的朝代特点、不同
地域的民族风情、古今社会的人文情调、诸派多元的思想文化、
百世相传的民族手艺，所以水具尽通，其他自行。再学起其他门
类的收藏来，自然容易多了，甚至是基本掌握，可以起到触类旁
通的效果。（图5-13）

图 5-13　青花奔象形水滴（明）

方法七，学考研读弄通史，博闻广识是根基。文房水具是华夏千年文明史的一脉遗物与见证，因此，每件器物都传递和浸透着不同历史时期的政治、经济、思想、文化、社会信息，每种工艺都是经历过不同时代母体的孕育而生，势必携带着娘胎所特有的遗传密码与基因特质，反映的是那个时代的社会特点、人文景致、民俗风情及工艺特色。故需要我们具备丰富的历史文化知识，搞清楚各个时期社会发展的相关国情文脉、器貌特征及工艺风格。因此，不但要读通史，而且还应涉猎文化、思想、书画、文学、文字、书史、教育、科技、工艺、民俗、服饰、地理、交通、工、农、医、商及卿士、衙署、市坊等百科专学专论。鉴赏藏品时一定要将它放在当时的那个历史文化大背景中去品评、甄别、定性、研考，全面审视，才能对所持器物看得深、看得透、看得准、拿得对。切忌一知半解、瞎子摸象，即猜的办法、赌的心态。（图5-14）

图 5-14　卧瓜形铜水滴（清）

方法八，虚怀若谷做藏人，不耻下问当学生。常言道，他山之石可以攻玉，藏界之人，必有高明。因此，要善听他人之言，躬身善为之人，不避逆耳之言，采纳有用之见。坚持以众人之功，拓展自己之知，这一点不可小视。同时要多读多看，实测印证有关收藏鉴赏方面的类书。把前人的宝贵经历和真知灼见融入自我的思维逻辑中来，必有所获，甚至茅塞顿开、大有长进。总之是要善于使自己站在他人或巨人的肩膀头上做收藏，看器物，进市场，才更容易通达、走远、做大，站上高点。（图5-15）

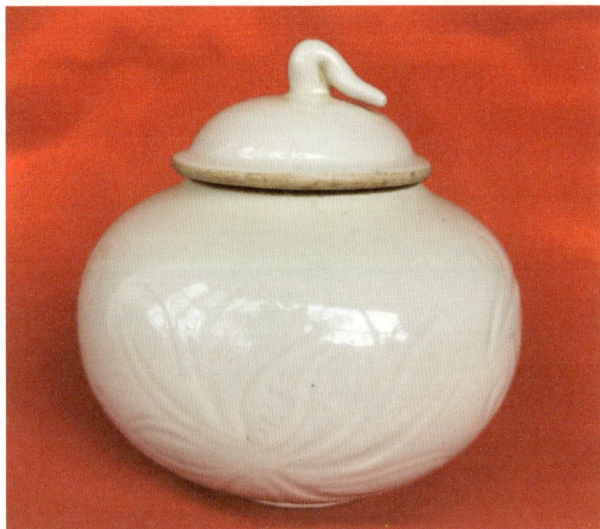

图5-15 白釉刻花荷叶盖罐形水盂（宋）

方法九，寻古问道海样深，如禅悟道苦修行，终其一生做一事，收藏要做研究型。集多年收藏之悟，藏者的最高境界应该是"精"，而非"金"。从一个"好古"藏人，进化为一名"研者"学人，非一日之功、一朝之事，但是必经之路，正如一句前贤之言，"梅花香自苦寒来，宝剑锋从磨砺出"。纵观古今的收藏大家，无一不是见多识广，通晓古今。对每一件珍藏也无不是前世今生了如指掌，精工俗技烂熟于心。一件小器，就是一尊历史的雕塑，一枚水具，也是一篇文化的经典，云蒸霞蔚，土蚀水锈，其蕴含的历史古韵深似大海，阔若天穹，解读起来都非常深邃。因此，作为一个古物的收藏者，同时也必须是一个静心苦读、勤奋学习的钻研者。一次得手，十年研读。一物在藏，终身学习。决不能只知其物，不知其含，只知其然，不知其所以然，应尽力做到物意两通。而非只为有其之物，不做有心之人。只以居一物而傲视天下，不知甚解。以捡一漏而喜形于色，故步自封。在收藏鉴古的道路上，只有求知者，并无"观世音"。更不能以低端的"好古者"自居，而是要以一个博古通今的"考古人"定位，勤勉、谦虚，乐在其间，行在路上。只有深研博学，才能眼"毒"，只有通古至高，才能望远，才能发现前人所不知，才能有所见地，有所成就，有大的发展空间。（图5-16）

图5-16　黑釉山水攀猿水盂（明清）

方法十，收藏注意做系列，小器也能成大业，系统成链不戒小，只有小藏无小学。就是说，要随着收藏的进展，藏品的增加，集孤成组，积少成多，积小成大，集丰成系。由普及精，由低到高，把收藏做出深度，形成高度，提高认知度，做出特色来。要尽快使我们从收集型向研究型转变，从观赏型向文化型升华，有一条十分重要，就是要善于把收藏做成系列型、系统化。形成一个历史文化、工艺类别、花色品种齐全的器物通史，发展体系，史学大观。至于系列的种类，多种多样，分门别类。可以围点成系，形成一朝大观，几世集群。也可围绕主题，纵贯一线，形成大系。如以史系为脉络，从夏、商、周、秦、汉、魏、晋、南北朝，到隋、唐、五代、宋、元、明、清，直至民国，一路发展的历史大系型。也可以是以朝代或某一时期为范畴的历史断代系，或以一物一器、一色一艺、一窑一地、一类一品为主题的专题专项系。还可以就构成要素、用材用物、工艺特点、地域特色、文化题材等特色要素形成专系，构成特藏。更可以几类特藏或多种精藏珍玩为主题的名人名作、名窑名品，工艺奇绝、风格独具的群珍集萃系，多种多样的系列成套组合体，都可以成为收藏领域的集大成者。（**图5-17~图5-21**）综上所述，文房水具尽管是一件小器物、一个小类项、一群小文具、一门小藏品，但同样是一个大课题、大学问、大专业、大藏人。所以，世上只有小收藏、小境界、小作为、小打小闹，而没有小学问、小课题、小藏项、小的发展空间。只有见识广、学问深、研得细，考证透彻、博古通今，才能心胸远大，才能有大智慧、大造诣、大收获，反映出大的人生境界。

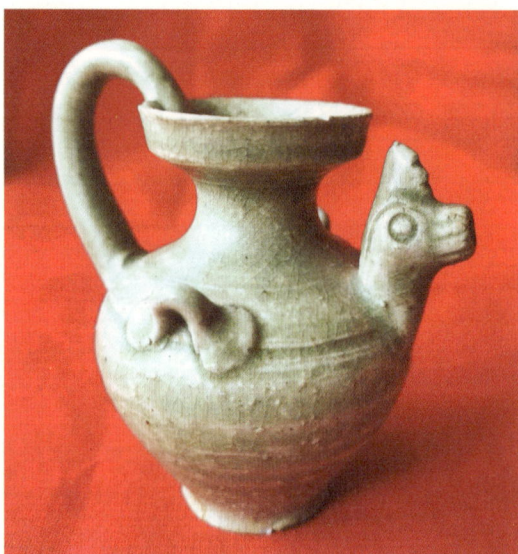

图 5-17　盘口双系执壶形鸡首注（晋）

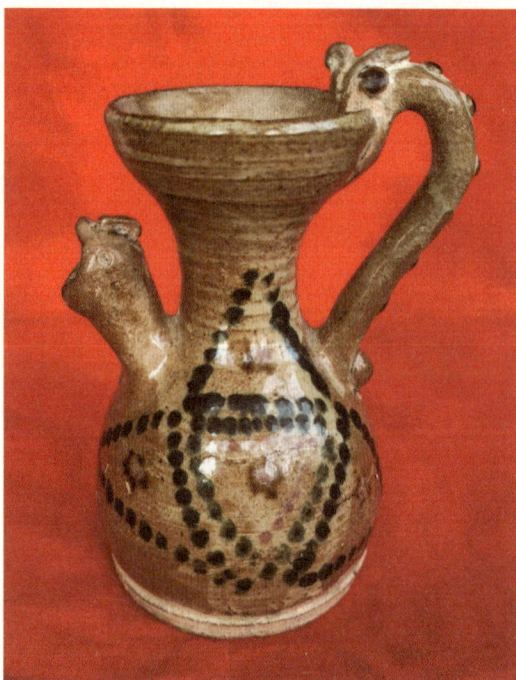

图 5-18　长沙窑鸡首龙柄水注（唐）

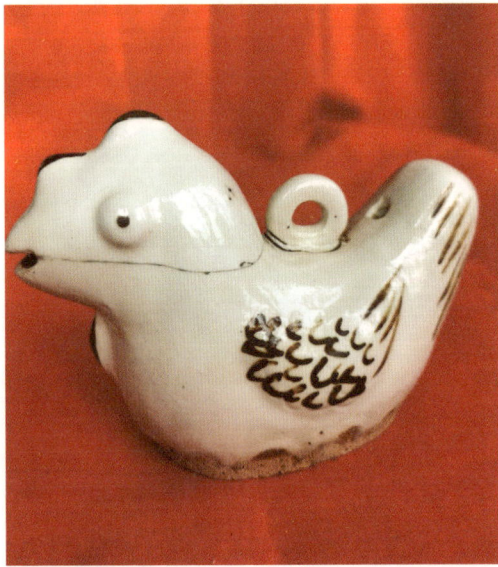

图 5-19　白釉褐彩落窝鸡水滴（宋辽）

图 5-20　德化白瓷雄鸡报晓水滴（明）

图 5-21　黑釉斗鸡水注（清）